近代
长江上游港口腹地
经济关系研究

徐蕴 著

吉林大学出版社

·长春·

图书在版编目(CIP)数据

近代长江上游港口腹地经济关系研究／徐蕴著. —长春:吉林大学出版社, 2021.10
ISBN 978－7－5692－8710－3

Ⅰ.①近… Ⅱ.①徐… Ⅲ.①长江流域—上游—区域经济发展—研究—近代 Ⅳ.①F127.5

中国版本图书馆 CIP 数据核字(2021)第 177725 号

书　　名	近代长江上游港口腹地经济关系研究
	JINDAI CHANGJIANG SHANGYOU GANGKOU FUDI JINGJI GUANXI YANJIU
作　　者	徐　蕴　著
策划编辑	吴亚杰
责任编辑	吴亚杰
责任校对	田　娜
装帧设计	林　雪
出版发行	吉林大学出版社
社　　址	长春市人民大街 4059 号
邮政编码	130021
发行电话	0431－89580028/29/21
网　　址	http://www.jlup.com.cn
电子邮箱	jdcbs@jlu.edu.cn
印　　刷	三河市德利印刷有限公司
开　　本	787mm×1092mm　1/16
印　　张	9.75
字　　数	120 千字
版　　次	2022 年 5 月　第 1 版
印　　次	2022 年 5 月　第 1 次
书　　号	ISBN 978－7－5692－8710－3
定　　价	45.00 元

版权所有　翻印必究

前　言

　　港口和腹地之间的经济互动，是现代化空间进程的一个重要体现。当前对开埠口岸的研究，大多侧重东部沿海和长江沿岸，尤其是沿海大港。与其他各大沿海港口不同，长江上游地区港口与其腹地都位于中国远离海洋的内陆，这决定了长江上游地区的港口贸易与腹地经济交流的特殊性。本书对三个口岸与长江上游贸易的研究，也正是基于长江上游的地区特殊性及三个口岸贸易变化、口岸腹地情况的选择。就学术意义而言，本书运用历史地理学视角探讨了近代的三个口岸与腹地关系的变迁，是一种有意义且可行的尝试；现实角度看，通过梳理历史发展经验，能够对当前长江上游经济带开发规划等现实经济发展战略提供较为完整的历史背景解释。

　　本书绪论部分主要介绍与本书相关的基本概念、学术研究概况、选题的意义和创新点、研究的基本框架、运用的基本资料和要解决的主要学术问题等。

　　第一、二、三章分别讨论宜昌、重庆、万县三港开埠后的进出口贸易情形、港口与腹地的交通联系、货物往来情况，大致勾勒出三港的腹地范围和腹地层次，进一步展现内陆沿江港口所独有的在交通运输、进出口商品结构以及腹地分布等方面的特点；

第四章通过比较近代长江上游三港的贸易情形、交通因素、腹地空间，探讨三港与腹地经济关系的共性与差异，并对三港商业腹地的相互重合部分和共同重合部分进行分析，从而体现近代长江上游地区外向型经济的总体特点；第五章通过分析近代长江上游三港与腹地之间的经济联系对腹地商业外向化、腹地农业的市场化和外向化以及港口城市及其腹地工业近代化的影响及其表现，来呈现港口与腹地的经济互动情况。

通过各章的研究分析，反映出近代长江上游地区港口贸易与腹地经济关系的一些重要特点：第一，港口的对外贸易增长趋势和进出口货物结构反映了国内外形势的变化、工农业结构以及贸易体系的变化；第二，港口的贸易基础和发展潜力、当地进出口货物的需求与产量，很大程度上影响着港口的贸易数量、发展趋势和进出口货物结构；第三，地理环境对交通线路和交通工具有决定作用；第四，各港口腹地范围大小不一，主要沿水路运输线路延伸；第五，腹地层级不同，表明不同类型的腹地与港口的关系属性是不同的；第六，港口的腹地辐射能力是与港口的经济实力成正比的。

近代长江上游地区经济发展的特点，很大程度上表现为港口与腹地经济关系的特点，在内容上包括贸易情形、交通因素和腹地空间三大方面，每一方面又体现出地理环境、经济基础、市场需求以及国内外经济政治形势对长江上游地区经济发展的影响。因此长江上游地区港口与腹地经济关系的研究是一个复杂艰巨而又意义重大的课题，需要广大研究者予以大力关注、深切思考。

目 录

绪 论 ·· 1
  第一节 选题缘起与研究内容 ······································ 1
  第二节 选题意义 ·· 5
  第三节 研究现状 ·· 7
    一、口岸—腹地研究 ·· 7
    二、长江上游地区港口城市的研究 ····························· 10
    三、长江上游地区贸易与区域经济研究 ······················ 16
  第四节 研究方法与材料 ··· 17

第一章 宜昌港与腹地经济关系分析 ······························· 20
  第一节 宜昌港进出口贸易情形 ································· 20
    一、贸易数量 ··· 20
    二、贸易结构 ··· 25
  第二节 宜昌港与腹地的交通联系 ······························ 27
    一、水路运输 ··· 27
    二、陆路运输 ··· 31
  第三节 宜昌港与腹地的货物往来 ······························ 33
    一、大宗出口货物 ··· 34

二、大宗进口货物 ·················· 38
第四节　宜昌港腹地空间结构 ············· 43
　　一、腹地范围 ···················· 43
　　二、腹地层次 ···················· 43

第二章　重庆港与腹地经济关系分析 ············ 46
第一节　重庆港进出口贸易情形 ············ 46
　　一、贸易数量 ···················· 46
　　二、贸易结构 ···················· 50
第二节　重庆港与腹地的交通联系 ·········· 54
　　一、水路运输 ···················· 54
　　二、陆路运输 ···················· 58
第三节　重庆港与腹地的货物往来 ·········· 60
　　一、大宗出口货物 ················ 61
　　二、大宗进口货物 ················ 67
第四节　重庆港腹地空间结构 ············· 70
　　一、腹地范围 ···················· 70
　　二、腹地层次 ···················· 71

第三章　万县港与腹地经济关系分析 ············ 73
第一节　万县港进出口贸易情形 ············ 73
　　一、贸易数量 ···················· 73
　　二、贸易结构 ···················· 77
第二节　万县港与腹地的交通联系 ·········· 81
　　一、水路运输 ···················· 81
　　二、陆路运输 ···················· 85

第三节 万县港与腹地的货物往来 ································ 87
　　一、大宗出口货物 ·· 87
　　二、大宗进口货物 ·· 90
第四节 万县港腹地空间结构 ······································ 93
　　一、腹地范围 ·· 93
　　二、腹地层次 ·· 94

第四章　长江上游港口与腹地的经济关系比较分析 ············ 96
第一节 贸易情形的共性与差异 ···································· 96
　　一、贸易数量 ·· 96
　　二、贸易结构 ·· 99
第二节 交通因素的共性与差异 ··································· 101
　　一、区域运输体系 ··· 101
　　二、水陆交通运输 ··· 103
第三节 腹地空间的共性与差异 ··································· 105
　　一、腹地范围 ··· 105
　　二、腹地层级 ··· 107
第四节 腹地重合区域的分析 ····································· 108
　　一、三港腹地相互重合区域 ····································· 108
　　二、三港腹地共同重合区域 ····································· 110

第五章　长江上游港口与腹地的经济互动情况考察 ············ 113
第一节 腹地商业的外向化 ······································· 114
　　一、商业结构的变化和商品流通的扩大 ··························· 114
　　二、商业经营方式的变化 ······································· 116
第二节 腹地农业的市场化和外向化 ······························· 119

一、经济作物商品化 ·················· 119
　二、农村集镇的勃兴 ·················· 121
第二节　港口城市及其腹地工业的近代化 ············ 123
　一、传统手工业的变迁 ················· 124
　二、现代机器工业的发展 ················ 127
　三、在重庆港口贸易刺激下四川缫丝工业的发展 ······ 129

结　论 ····························· 131
参考文献 ··························· 136

绪 论

第一节 选题缘起与研究内容

长江上游地区是指长江源头至宜昌段，其干流流经青海、西藏、云南、四川、重庆、湖北五省（区）一市，支流则及甘肃、陕西、贵州三省。从特定角度上看，长江上游的研究和开发可以说是整个长江研究和开发的基础。这一广大的区域，清中叶以来就聚集着占全国十分之一的人口。目前，台湾"中央研究院"对中国现代化的区域研究，共列了十个区域，长江上游也是独立区域之一。美国斯坦福大学教授施坚雅将中国分为东南沿海、岭南、云贵、东北、西北、长江下游、长江中游、长江上游九个"巨区"，对城市结构系统进行分析，同样把长江上游的四川作为独立的区域之一。由此看来，把长江上游作为一个独立的区域提取出来，作为研究区域经济和社会进程的个案，来探索中国社会从传统到现代化漫长的过程，将具有很大的意义。

关于现代化的研究在学术界颇有一些争议，但基本上都认可现代化的研究与口岸密不可分。对于中国现代化进程的研究而言，通商口岸和它背后的广大腹地是两个基本的对象。由于近代长江上游开埠通商主要依托重庆港，笔者一开始关注长江上游近代开埠口岸的时候，是想以重庆港为突破口来完成一篇文章，也做了一些准备工作。但当笔者开始接触一些关于近代重庆通商贸易的书籍、文章时，发现重庆并不是长江上游地区最早开埠通商的口岸，也不是唯一的港口。早在1876年《中英烟台条约》签订，宜昌便作为"添开通商口岸"，次年4月，宜昌设海关，开始办理进出口业务。[①] 20世纪初，宜昌全年贸易总额一度居长江12大商埠的第四位。1890年中英签订《烟台条约续增专条》，正式规定，"重庆即准作为通商口岸无异"，1891年3月，重庆正式设关收税。[②] 继宜昌开埠以后，重庆也取得开埠特权，并迅速取代宜昌成为长江上游地区最大的通商口岸，成为长江上游地区与外部市场交流的最重要的枢纽，并直接承载了长江上游腹地出口商品集散和进口货物分销这一功能。万县开为通商口岸是在1902年的《中英通商条约续约》里议定的，1917年重庆海关在万县设立分关，迟至1925年正式开埠。[③] 至此，近代长江上游的三个通商口岸全部开放，并引领了近代整个长江上游进出口贸易的全过程。但是这一过程中，口岸城市与其腹地的交通联系及货物往来是怎样的？以及它们的腹地范围是如何确定的，腹地层次是如何划分的？整个长江上游地区三个口岸与腹地之间的关系又有什么差异？

由于上述一系列问题的出现，再结合区域经济以及商品流通

[①] 严中平等编：《中国近代经济史统计资料选辑》，科学出版社，1955年，第41页"表1 商埠"。

[②] 王铁崖编：《中外旧约章汇编》第一册，三联书店，1957年，第349页。

[③] 参见王铁崖编：《中外旧约章汇编》第一册，三联书店，1957年，第107页；严中平等编：《中国近代经济史统计资料选辑》，科学出版社，1955年，第48页"表1 商埠"。

绪 论

的相关研究成果，笔者开始把对单一口岸的关注转向对长江上游这一特定区域内的三个口岸——宜昌、重庆、万县——之间的相互联系及其与腹地关系的变迁。希望通过三个口岸的贸易体系和腹地层次的研究，弄清它们相互之间的关系，得出早期港口之间的相互联系及其与腹地的互动经济关系和地域特征，从而为近代经济史的研究带来空间视角的新透视。

围绕着要解决的这些问题，对本研究内容做一些相关解释：

港口：位于我国东部的大连、营口、丹东、天津、烟台、青岛、连云港、上海、宁波、福州、厦门、广州、香港等沿海主要港口城市，以及汉口、重庆等长江沿岸主要港口城市。

通商口岸：简称"口岸"，指国家指定的对外通商的沿海沿江港口，以及位于边境或内陆交通咽喉的通商处所。近代包括通商条约开放的约开口岸与各地经过中央政府批准的自行开放的自开口岸两种。近代大部分重要的沿海沿江港口，都是口岸城市。

腹地：目前已出版的工具书里，对"腹地"概念都有最基本的解释。如《辞海》的界定是，"某一城市或港口保持有密切经济联系的内地或背后地"[1]。再如《中国大百科全书·地理学》的解释是，"位于港口城市背后，为港口提供出口货物和销售进口商品的内陆地区"[2]。这些界定，无疑有其正确性。

学术界在对港口与腹地经济关系的研究中，对此问题也做了不少有益的探索。如戴鞍钢先生认为，"腹地为港口货物进出提供物资来源和销售市场，港口则为腹地商品吞纳提供输出入孔

---

[1] 中国大百科全书编委会编：《辞海》，上海辞书出版社，1979年，第3479页。
[2] 中国大百科全书编辑部编：《中国大百科全书·地理卷》，中国大百科全书出版社，1990年，第148页。

道"①。吴松弟先生在其著作中，按照经济地理学的解释并从港口贸易入手以及根据历史文献反映的事实，对腹地的概念做出了解释，"腹地指位于港口城市背后的港口吞吐货物和旅客集散所及的地区范围，在通常情况下，这一范围内的客货经由该港进出在运输上比较经济与便捷。"在这里，"位于港口城市背后"和"客货经由该港进出在运输上比较经济与便捷"，是两个必备的前提条件。因此，并不是任何与港口发生客货联系的地区都可以被称为腹地。港口的腹地范围，可以视为港口所在城市的腹地范围，而对港口进出口货物国内流向的探讨，是研究港口所在的城市的腹地范围的基本途径。②

空间范围界定：本文所指的长江上游，是指以长江宜昌到宜宾段为中心，包括湖北部分地区、四川大部分地区的长江干、支流流域的一个地理区域，是长江上游的主体，可以说基本包含了这一区域的全部社会经济特征。本文之所以不按省划界而从区域角度研究市场，是鉴于社会经济区域往往与行政区域划分不同的缘故。

时间断限：

本论文将时间断限设定为1877—1936年，主要有以下考虑。

首先，1877年是宜昌正式开埠且有统计数据的起始年，正是由于宜昌正式开埠，才带动了长江上游其他通商口岸的开辟和广大口岸腹地的开发。换言之，1877年，是长江上游通商口岸及其广大腹地外向型经济空前发展的具有重要里程碑意义的一年。

---

①戴鞍钢：《港口·城市·腹地——上海与长江流域经济关系的历史考察（1843—1913）》，复旦大学出版社，1998年，第133页。
②吴松第：《中国近代经济地理·第一卷·绪论和全国概况》，华东师范大学出版社，2015年，第36页。

其次，将时间下限定为 1936 年则是由于次年抗日战争全面爆发，宜昌、重庆、万县港所依赖的长江航道大受阻滞，长江上游的进出口贸易大受影响。此后直至抗战结束，长江上游地区港口的地位大大下降，腹地急剧缩小，原有的进出口贸易秩序被打乱。

第二节 选题意义

1840 年的中英第一次鸦片战争，其直接后果就是中国通商口岸被迫开放，中国被迫卷入世界经济体系之中。通商口岸的开放对中国现代化的发展进程产生了深刻影响，始终是经济学界关注的核心问题之一。

近年来，随着学界对于中国近代经济史以及近代经济地理的不断研究和深入关注，对通商口岸的积极作用在一定程度上给予了肯定。诸如在西方先进思想、生产力的传入，外来影响通过交通路线延伸至中国内陆等方面，取得了较多的研究成果，也通过对通商口岸的研究找到了一个解析近代中国发展的视角。对于中国现代化进程研究而言，通商口岸和它背后的广大腹地是两个基本对象。港口和腹地之间的经济互动，是现代化空间进程的一个重要体现。[①]

当前对开埠口岸的研究，大多侧重东部沿海和长江沿岸，尤其是沿海大港。并且大都是以开埠的某个口岸为中心，以进出口贸易为抓手进行向内陆腹地的推演，以关注港口（或口岸）的腹

[①] 吴松弟：《港口—腹地与中国现代化的空间进程》，《河北学刊》，2004 年第 3 期。

地变迁和内陆地区经济的外向化发展，可以从宏观上获知中国现代化的时空进程。但对某一特定区域内的贸易量和结构的不同，以某个区域进行口岸与腹地之间的联系，则又显得不够。[①] 应该注意到，近代中国的通商口岸有着迥然不同的发展轨迹，探究不同口岸在发展过程中的差异化表现，通过对特定区域内不同口岸的腹地变迁，分析变迁原因以及对于该区域的不同作用，不仅能有效弥补目前研究关注的不足，也可以为现实的发展寻觅历史的经验与注脚。目前诸多研究关注沿海单个通商大埠，虽有重要意义，但也应该限定某个区域和不同口岸之间的相互关系，[②] 不能一味地从口岸角度来无限制地看口岸腹地的伸缩。

与其他各大沿海港口不同，长江上游地区港口与其腹地都位于中国最远离海洋的内陆，这就决定了这一地区的港口贸易与腹地经济的流通有其独特的重要性和特殊性。本书对三个口岸与长江上游贸易的研究，也正基于长江上游的地区特殊性以及三个口岸贸易变化以及口岸腹地变迁情况的选择。从学术意义上说，本书运用历史地理学视角去研究近代长江上游的三个口岸与腹地的经济关系，是一种有意义且可行的尝试；从现实角度看，通过本书的研究，以期在此历史发展经验的基础上，能够对当前长江上游经济带开发规划，以及国家实施的西部大开发、中部崛起战略等提供历史的注脚和现实的参考。

---

①在这方面，陈为忠的硕士学位论文《山东港口与腹地研究（1860—1937）》针对山东青岛、烟台口岸的地位变迁做出了有益探索与研究；王列辉《驶向枢纽港—上海、宁波两港空间关系研究（1843—1941）》（浙江大学出版社，2009年）可以看作是对于长三角区域内贸易选择变迁的一个很好的研究范例。

②在这方面，方书生的博士学位论文《珠江三角洲港埠与腹地的经济关系（1842—1938）》，可以看做是对于珠三角区域内不同口岸之间相互关系探究的一个很好的研究范例。

第三节 研究现状

从目前的已有研究成果来看,大致可以从口岸—腹地研究、长江上游地区港口城市研究、长江上游地区贸易与区域经济研究三个方面来总结学术发展的脉络。

一、口岸—腹地研究

二战后随着美国研究中国史新理论的出现,一大批研究中国通商口岸的著作应运而生,其中以罗兹·墨菲的《上海:现代中国的钥匙》一书为重要标志。[1] 费正清[2]、费维凯[3]、侯继明[4]等人,在考察了通商口岸与中国内地经济的关系后,也完成了相关的研究专著。从20世纪50年代到70年代,以费正清提出的"冲击—反应"范式为主流理论,西方学界将中国近代的通商口岸视作"一颗蕴含着巨大能量能改变整个中国的种子""是从西

---

[1] Rhoad Murphey: Shanghai, Key to Modern China, Cambridge, Harvard University Press, 1953.《上海——近代中国的钥匙》强调了口岸城市是透析近代中国的一个窗口。但是,墨菲认为口岸贸易与近代中国的历史进程是二元的,口岸城市和乡村腹地极少联系,是一个完全按照西方模式建造的都市,口岸贸易是离散而不是整合了区域经济的发展。

[2] Fairbank John King: Trade and Diplomacy on the China Coast: The opening of Treaty Ports, 1842—1954, Harvard University Press, 1956.《中国沿海的贸易与外交》一书反映了"费正清模式"的"冲击—反应"概念的政治性思维取向,昭示了中国的朝贡制度在现代化国际网络中走向衰弱的趋势,从沿海通商口岸这一外力冲击的角度来透析近代中国初期的反应,着重关注沿海贸易,忽视了对中国其他地区,尤其是内陆地区的考察。

[3] Albert Feuerwerker: The Chinese Economy, 1870—1911; 1912—1949, Michigan, 1968. 此书中,费维恺对外资和口岸的解释,开始深入到探讨口岸城市与内陆农村之间的关系。

[4] Chi-ming Hou: Foreign Investment and Economic Development in China, 1840—1937, Cambridge, Mass, Harvard University Press, 1965. 侯继明阐释了国际贸易的发展促进了近代经济的成长,并没有破坏传统经济,他也强调传统通过现代技术获得了一定的改造,并把这种传统和现代经济共生的现象定义为二元经济。

方的商业中产生的并硬生生地被添加在一个农业文明之上的"。①
20世纪80年代，日本学者滨下武志也发表了研究通商口岸与市场的专著。②

20世纪70年代中后期起，台湾一批学者利用旧海关资料开始探讨口岸贸易与区域社会经济的变迁等问题。台湾学者刘翠溶、林满红、温振华、谢世芬、范毅军等人先后完成了有关汉口、九江、汕头、天津、烟台、四川、东北等地港口与区域现代化关系相关的研究，林满红的《口岸贸易与近代中国——台湾最近有关研究之回顾》③对以上台湾学者在这方面的一系列成果做了研究和总结。90年代以来，有关港口所在城市史和区域经济史的著作不断问世。张仲礼著《近代上海城市研究》④、罗澍伟主编《近代天津城市史》⑤、沈毅著《近代大连城市经济研究》⑥、王守中等著《近代山东城市变迁史》⑦、皮明庥主编《近代武汉城市史》⑧、隗瀛涛主编《近代重庆城市史》⑨，都分别论述了不同口岸城市开埠以后的巨大变迁。

对于港口与腹地经济关系的研究，1988年，戴鞍钢在《港口·城市·腹地——上海与长江流域经济关系的历史考察

---

①Rhoads Murphey: Shanghai, Key to Modern China, Cambridge, Harvard University Press, 1953, pp. 1 – 7.

②（日本）滨下武志著，朱荫贵、欧阳菲译：《近代中国的国际契机：朝贡贸易体系与近代亚洲经济圈》，中国社会科学出版社，1999年。滨下的研究主要针对港口城市经济活动的地域网络，以及这种网络的构造性。

③林满红：《口岸贸易与近代中国——台湾最近有关研究之回顾》，载《中国区域史研究论文集》，台湾"中央研究院近代史研究所"，1986年，第869－915页。

④张仲礼：《近代上海城市研究》，上海人民出版社，1990年。

⑤罗澍伟主编：《近代天津城市史》，中国社会科学出版社，1993年。

⑥沈毅：《近代大连城市经济研究》，辽宁古籍出版社，1996年。

⑦王守中：《近代山东城市变迁史》，山东教育出版社，2001年。

⑧皮明庥主编：《近代武汉城市史》，中国社会科学出版社，1993年。

⑨隗瀛涛主编：《近代重庆城市史》，四川大学出版社，1991年。

(1843—1913)》中[1],以港口—城市—腹地为研究框架,综合运用经济学、地理学、历史学等多学科专业知识和方法,考察了上海与长江流域各口岸间的商品流通体系。吴松弟先生的几篇文章《港口—腹地和中国现代化空间进程研究溉说》[2]、《中国近代经济地理格局形成的机制与表现》[3]、《通商口岸与近代的城市和区域发展——从港口、腹地的角度》[4]等,从整体上探讨了港口—腹地研究的基本概念、理论以及方法,具有重要的指导意义。陈为忠的硕士学位论文《山东港口与腹地研究（1860—1937)》[5]、樊如森的博士学位论文《天津港口贸易与腹地外向型经济的发展(1860—1937)》[6]、姚永超的硕士学位论文《大连港腹地核心地域结构的演变（1907—1931)》[7]、方书生的硕士学位论文《珠江三角洲港埠与腹地的经济关系（1842—1938)》[8]、姜修宪的博士学位论文《环境·制度·政府——晚清福州开埠与闽江流域经济变迁》[9]、张珊珊的博士学位论文《近代汉口港与其腹地经济关系变迁（1862—1936)》[10]、张永帅的博士学位论文《近代云南的开

---

[1] 戴鞍钢《港口·城市·腹地——上海与长江流域经济关系的历史考察（1843—1913)》,复旦大学出版社,1998年。
[2] 吴松弟:《港口—腹地和中国现代化空间进程研究概说》,《浙江学刊》,2006年第5期。
[3] 吴松弟:《中国近代经济地理格局形成的机制与表现》,《史学月刊》,2009年第8期。
[4] 吴松弟:《通商口岸与近代的城市和区域发展》,《郑州大学学报》,2006年第6期。
[5] 陈为忠:《山东港口与腹地研究（1860—1937)》（硕士论文）,复旦大学2003年。
[6] 樊如森:《天津港口贸易与腹地外向型经济的发展（1860—1937)》（博士论文）,复旦大学2004年。
[7] 姚永超:《大连港腹地核心地域结构的演变（1907—1931)》（硕士论文）,复旦大学,2004年。
[8] 方书生:《珠江三角洲港埠与腹地的经济关系（1842—1938)》（硕士论文）,复旦大学,2004年。
[9] 姜修宪:《环境·制度·政府——晚清福州开埠与闽江流域经济变迁》（博士论文）,复旦大学,2006年。
[10] 张珊珊:《近代汉口港与其腹地经济关系变迁（1862—1936)》（博士论文）,复旦大学,2007年。

埠与口岸贸易研究》①，用历史经济地理学的研究方法，因时因地分别探讨了开埠以后的上海、烟台和天津、大连、珠三角、福州、汉口、广州、宁波、汕头等港口与其腹地的经济联系。由吴松弟主编的《中国百年经济拼图——港口城市及其腹地与中国现代化》②，从港口城市和腹地的视角对中国的百年经济发展进行了研究，以全球化浪潮、中国的广大地域和区域差异大为出发点，研究了中国十二个重要港口城市的经济发展史、贸易史以及与腹地的互动关系，也涉及了环渤海、长三角、长江中下游、珠三角和东北亚等地区的港口、城市和腹地的关系，和对当前经济发展与现代化的影响，堪称港口经济地理的创新之作。此外，由吴松弟主编的描述中国近代经济地理格局的9卷本《中国近代经济地理》，由华东师范大学出版社自2013年开始陆续出版。

西方学者关于沿海重要开放港口的探讨以及戴鞍钢、吴松弟、樊如森等对近代一系列开埠口岸与腹地经济的研究，为本书长江上游三口岸与腹地关系的研究提供了很好的理论基础和实践例证。

二、长江上游地区港口城市的研究

1. 重庆港研究现状

有关重庆港口与腹地经济关系这方面的研究，前人已有了相当多的成果。关于区域近代史研究方面，隗瀛涛、周勇合著的《重庆开埠史》③是相关研究的开山之作。此后有了周勇、刘景修

---

①张永帅：《近代云南的开埠与口岸贸易研究》（博士论文），复旦大学，2011年。
②吴松弟主编：《中国百年经济拼图——港口城市及其腹地与中国现代化》，山东画报出版社，2006年。
③隗瀛涛、周勇：《重庆开埠史》，重庆出版社，1983年。

编译的《近代重庆的经济与社会发展》①，周勇著的《重庆——一个内陆城市的崛起》②，周勇著的《重庆通史》③，隗瀛涛著的《重庆城市研究》④，隗瀛涛著的《近代重庆城市史》⑤以及龙生主著的《重庆港史》⑥。

在论文专题研究方面，现有的成果主要集中于对重庆开埠的研究。1991年以前适逢重庆开埠一百周年前夕，有关重庆开埠研究曾掀起一个短时期热潮，如王堃的《重庆开埠与四川对外贸易》⑦，周勇的《近代重庆经济中心的初步形成》⑧、隗瀛涛的《论重庆开埠与重庆城市近代化》⑨、涂鸣皋的《重庆开埠与近代重庆社会》⑩、胡道修的《开埠前的重庆经济与社会》⑪、肖用的《重庆商业中心与城市近代化》⑫、何一民的《开埠通商与重庆城市兴起》⑬、谢放的《开埠前后重庆进出口贸易的演变》⑭等。

重庆近代港口贸易与腹地经济关系这一专题的研究成果主要

---

①周勇、刘景修编译:《近代重庆的经济与社会发展》，四川大学出版社1987年。
②周勇:《重庆——一个内陆城市的崛起》，重庆出版社，1989年。
③周勇:《重庆通史》，重庆出版社，2002年。
④隗瀛涛:《重庆城市研究》，重庆出版社，1989年。
⑤隗瀛涛:《近代重庆城市史》，四川大学出版社，1991年。
⑥龙生主:《重庆港史》，武汉大学出版社，1990年。
⑦王堃:《重庆开埠与四川对外贸易》，《社会科学研究》，1983年第3期。
⑧周勇:《近代重庆经济中心的初步形成》，《社会科学研究》，1989年第5期。
⑨隗瀛涛:《论重庆开埠与重庆城市近代化》，《一个世纪的历程——重庆开埠100周年》，重庆出版社1992年，第12~35页。
⑩涂鸣皋:《论重庆开埠与重庆城市近代化》，《一个世纪的历程——重庆开埠100周年》，重庆出版社1992年，第101-113页。
⑪胡道修:《开埠前的重庆经济与社会》，《一个世纪的历程——重庆开埠100周年》，重庆出版社1992年，第195-218页。
⑫肖用:《重庆商业中心与城市近代化》，《一个世纪的历程——重庆开埠100周年》，重庆出版社1992年，第248-254页。
⑬何一民:《开埠通商与重庆城市兴起》，《一个世纪的历程——重庆开埠100周年》，重庆出版社1992年，第260-266页。
⑭谢放:《开埠前后重庆进出口贸易的演变》，《一个世纪的历程——重庆开埠100周年》，重庆出版社1992年，第280-286页。

有华东师范大学陆远权2003年的博士毕业论文《重庆开埠与四川社会变迁》①，该论文着眼于1891年重庆开埠至1911年清朝灭亡时段，从重庆开埠后重庆港口贸易的变迁入手，对开埠后带来的对外贸易体系的形成、对外贸易与区域城乡经济的发展、社会组织的演变、新兴社会阶层的形成、蜀学和观念意识的创新与发展做出了学术探讨，关注的重心是在以开埠贸易为契机而发生、演变的四川社会的近代化变迁这一社会层面。运用历史地理学方法对重庆港口贸易与腹地经济关系研究的比较成功的是复旦大学刘强2006年的硕士毕业论文《重庆港口贸易与腹地经济关系研究（1891—1937）》②，对较长时段内综合贸易、腹地、交通、农业、工业诸经济要素进行更加深入全面的探讨，尤其注重经济要素在地理空间的分布和变迁。在重庆港进出口贸易研究方面，西南大学向春凤2011年的硕士毕业论文《近代重庆进出口贸易研究（1873—1919）——以〈中国旧海关史料〉为中心》③，借助海关贸易报告及统计资料等原始档案资料，使用统计学定量分析的方法，对1873至1919年重庆进出口贸易的发展历程、商贸特点以及进出口情况等做了具体的分析。

这一系列研究成果主要集中于城市史尤其是近代时段的研究，研究视角聚焦于重庆城市自身的发展变化，对重庆的港口属性以及与港口有相关联系的腹地区域很少涉及，对于两者之间的经济关系关注不多。

---

①陆远权：《重庆开埠与四川社会变迁（1891—1911）》（博士论文），华东师范大学，2003年。

②刘强：《重庆港口贸易与腹地经济关系研究（1891—1937）》（博士论文），复旦大学，2006年。

③向春凤：《近代重庆进出口贸易研究（1873—1919）——以〈中国旧海关史料〉为中心》（硕士论文），西南大学，2011年。

2. 宜昌港研究现状

有关宜昌港口与腹地经济关系这方面的研究还比较薄弱，主要还是集中在城市、海关、港口史的研究和对开埠通商促进宜昌城市近代化的研究方面。宜昌市教学研究室编的《宜昌简史》[①]以及刘开美、李发刚主编的《宜昌历史述要》[②] 都是宜昌城市史方面的著作，主要聚焦于宜昌城市自身的发展变化，也有一定篇幅记述了近代贸易的发展演变状况。邓德耀、李进都的《宜昌海关史略（1877—1949）》[③]详细探讨了宜昌开埠后海关管理、关税征稽及海关对贸易的促进和管理。乔铎主编的《宜昌港史》[④]，是研究宜昌开埠的开山之作，其第二章《帝国主义的入侵与宜昌港口向近代港口的转变（1840—1936）》从港口贸易、航运业、物资运输、港口设施和航路整治等方面研究了宜昌港的近代转型及与口岸贸易的关系。

论文专题研究主要集中在海关史方面的研究，贾孔会《近代宜昌开关论略》[⑤] 一文肯定了宜昌海关在历史上的地位和作用，但强调宜昌海关的半殖民地性质，认为它受到协定关税的制约，海关税务司及其属下又多由外人操纵，从而造成海关权柄的旁落。龚兴华、贾孔会的论文《宜昌城市发展的历史考察》[⑥]集中分析论述了近代宜昌城市发展的特点和弊端，认为"宜昌城市是

[①]宜昌市教学研究室编：《宜昌简史》，华中师范大学出版社，1994年。
[②]刘开美、李发刚主编：《宜吕历史述要》，湖北人民出版社，2005年。
[③]邓德耀、李进都：《宜昌海关史略（1877—1949）》，载于中国人民政治协商会议湖北宜昌市委员会文史资料委员会编：《宜昌文史资料》第12辑，内部出版，1991年。
[④]乔铎主编：《宜昌港史》，武汉出版社，1990年。
[⑤]贾孔会：《近代宜昌开关论略》，载于三峡大学文学院三峡文化研究中心编：《三峡文化研究丛刊》第1辑，武汉出版社，2001年。
[⑥]龚兴华：《宜昌城市近代化之进程——宜昌城市发展的历史考察之一》，《湖北三峡学院学报》1997年第2期；贾孔会：《宜昌城市近代化发展之进程——宜昌城市发历史考察之一》，《湖北三峡学院学报》1997年第4期。

中国近代长江沿岸开放口岸群中的一个缩影,它的兴起和发展既体现出近代中国半殖民地半封建城市的共性和规律,同时也反映出因历史地理环境等差异而呈现出的自身鲜明的时代地域特点"。杨培煌、易史会在《列强在宜昌商埠》一文中讨论了领事馆、洋商、教会在宜昌的发展过程,认为外国人的到来,对改变宜昌城市面貌起到重要作用。① 在进出口贸易研究方面,湖北大学刘世扬的硕士毕业论文《近代宜昌口岸贸易研究(1877—1919)》利用宜昌海关档案资料以及其他相关统计资料,分析了开埠以后长江商路路线、商路贸易的变化,研究了1877年至1919年宜昌口岸进出口贸易的变迁情况。②

3. 万县港研究现状

有关万县港口的专题研究为数较少。专著方面,最具代表性的是汪鹤年的《万县港史》③使用了大量的文献资料,记述了万县港口的发展历程,对近代万县港发展成为川东门户和地区交通枢纽等问题,做了详细的分析。万县地区是我国最大的桐油产区之一,1917年重庆海关万县分关设立以来,万县就成了货物直接报运出口的口岸之一,出口量最大的是桐油,桐油贸易销售甚旺,同时,桐油贸易的繁荣,也带动了其他行业的发展。《万县桐油贸易史略》④一书叙述了万县形成桐油贸易集散市场的沿革,各国洋行在万县桐油贸易和运销中的明争暗斗,我国民族资本在万县贸易中深受外商排挤、打击、扼杀的情况,能够为本书对万县及其附近地区桐油生产和运销体系的探讨提供一些参考资料。

---

①杨培煌、易史会:《列强在宜昌商埠》,中国人民政治协商会议湖北省宜昌市委员会文史资料委员会编,《宜昌文史资料》第12辑,内部出版,1991年。
②刘世扬:《近代宜昌口岸贸易研究(1877—1919)》(硕士论文),湖北大学2012年。
③汪鹤年:《万县港史》,武汉出版社,1990年。
④陈裕民主编:《万县桐油贸易史略》,万州区档案馆,1983年。

论文研究方面，主要集中在万县城市史的研究，四川大学田永秀的博士学位论文《近代四川沿江中小城市研究》[①]，其中有部分篇章涉及万县城市及商品经济的发展，刘宗群的《三峡库区城市——万县市的形成、现状和未来》[②]、田永秀的《川东经济中心——万县在近代之崛起》[③]、岳宗英的《试析万县城市的近代化历程》[④]、苏健红的《从开埠到建市——民国时期万县城市发展进程述论》[⑤]、李雯君的《浅析近代万县城市的发展》[⑥]都对近代万县城市的发展做了某些探究。在市场体系方面，吉林大学周琳的硕士学位论文《重庆开埠前川东地区的市场体系》认为在重庆开埠前，万县在川东区域市场中扮演着双重的角色，首先它充当着巴山老林地区和峡江地区最重要的贸易口岸，而且由于万县在长江航道中恰好位于重庆和宜昌的中间点，它还是一个省际贸易中转站。[⑦]

综上所述，过去对长江上游港口城市的研究主要以城市史为研究重点，注重对港口城市的城市近代化、经济和社会方面的研究，研究视角聚焦于城市自身的发展变化，对其港口属性及其腹地的研究不够，尤其对腹地资料发掘不够。此外，缺乏开埠口岸之间的联系性研究，对三个岸各自贸易的增长与自身发展道路的不同及其背后的因素鲜有分析。且很少把这三个口岸最为一个重

[①]田永秀：《近代四川沿江中小城市研究》（博士论文），四川大学，1999年。
[②]刘宗群：《三峡库区城市 万县市的形成、现状和未来》，《西南师范大学学报（哲学社会科学版）》，1994年第1期。
[③]田永秀：《川东经济中心——万县在近代之崛起》，《重庆师范学院学报（哲社版）》，1998年第4期。
[④]岳宗英：《试析万县城市的近代化历程》，《重庆三峡学院学报》，2014年第1期。
[⑤]苏健红、李应东：《从开埠到建市——民国时期万县城市发展进程述论》，《重庆三峡学院学报》，2014年第2期。
[⑥]李雯君：《浅析近代万县城市的发展》，《三峡文学·三峡论坛》，2014年第2期。
[⑦]周琳：《重庆开埠前川东地区的市场体系》（硕士论文），吉林大学，2005年。

要的切入点或辐射点来分析近代整个长江上游外贸,对于宜昌,尤其是对万县的研究也明显不足。

三、长江上游地区贸易与区域经济研究

长江上游地区作为中国地理上的相对封闭地带和经济文化上的独特区域,在经济形态、社会文化结构等方面具有明显的区域性特征,因此有关这一区域的商埠贸易和区域近代化研究一直受到关注。

但是,把长江上游作为一个整体考察对象来研究它的区域经济发展和地区贸易情况的研究成果并不多见。谢放的《清代四川农村社会经济史》[1],对清代四川农村社会经济各个层面进行了纵向和横向的整体研究,其中对于清代四川农村经济结构的研究,价值甚高。王笛的《跨出封闭的世界——长江上游区域社会研究(1644—1911)》[2]在社会史的研究上具有重大突破,此书的写作受到了施坚雅研究[3]的极大启发,把整个长江上游作为一个大区提取出来为研究对象,详细地分析了清代以四川地区为中心的长江上游地区的区域贸易、城市系统和市场网络,对本书的写作思路产生深刻的启发。

论文研究方面,王笛的《近代长江上游城市系统与市场结构》一文,从大到小、从宏观到微观分析了长江上游地区区域市

---

[1] 谢放:《清代四川农村社会经济史》,天地出版社,2001年。
[2] 王笛:《跨出封闭的世界——长江上游区域社会研究(1644—1911)》,中华书局,2006年。
[3] 施坚雅提出"中心市镇"的概念,将城市依市场职能划分为八个等级:中央首府、地域首府、地域城市、大城市、地方城市、中心市镇、中间市镇、标准市镇;将整个中国分为九大"巨区":西北、华北、长江上游、长江中游、长江下游、东南沿海、云贵、满洲、岭南,每个巨区又分若干小区;时间上,将中国历史划分为四大时段:公元前221以前,前221到589年,前589到1280年,1280至1911年。

场的变化。①吴量恺的《清代湖北沿江口岸城市的转运贸易》强调了清代湖北转运贸易促进了商品市场的扩大，转变了封建租佃关系，加快了商人组织、团体的发展，对湖北地区经济产生了重要影响。②重庆师范大学张友谊的硕士学位论文《川江航运与该区域社会经济的演变研究》以交通和区域发展的视角，阐明了重庆开埠后川江流域的发展问题，川江航运的繁荣，使原本相对封闭的四川区域经济，受到了外资猛烈的冲击，同时，航运的兴盛在客观上带动了四川地区经济的进步。③吉林大学周琳的硕士学位论文《重庆开埠前川东地区的市场体系》，分别考察了当时川东经济区的金融市场、商品市场、劳动力市场，得出在重庆开埠前川东地区已经成为了一个潜力巨大、成熟、稳定的市场体系这一结论。④

总体上看，对长江上游区域经济的研究较缺乏整体性的研究成果，市场体系的研究主要是落脚于某个区域的城市、市镇或农村市场，而且多重于客观阐释而较少有深层次的理论剖析。

第四节 研究方法与材料

本书秉承历史地理的视角，主要是为近代经济发展提供一个较为详细的区域透视，尝试从近代开埠的港口贸易入手，探讨在这一过程中城市和腹地的关系是如何推进的，在此基础上总结商

---

①王笛：《近代长江上游城市系统与市场结构》，《近代史研究》，1991年第6期。
②吴量恺：《清代湖北沿江城市的转运贸易》，《华中师范大学学报（哲社版）》，1989年第1期。
③张友谊：《川江航运与该区域社会经济的演变研究》（硕士论文），重庆师范大学，2004年。
④周琳：《重庆开埠前川东地区的市场体系》（硕士论文），吉林大学，2005年。

埠与腹地的经济关系，并尝试比较长江上游三处港口与腹地关系之间的异同。本书主要着眼于从内外相关的两个层面，来解释近代经济成长的内生外长、相生相克，并且从他们的相互关系中把握，在近代这样一个新的环境下，区域经济成长形式在时间和空间的二维结构中又是一种什么样的形态，在这种地域形态中，港埠城市及其腹地出现一种什么样的关系，这种关系在空间时间上有什么特征，这种以贸易带动的外向型经济在区域成长中又是一个什么样的表现形态，腹地的生产和外部贸易关系是怎样的。

在方法与资料的选用上，笔者将与本研究有关的文献资料分为三类：一是清代至民国海关贸易报告和领事报告以及地方志资料，二是清代至民国的调查资料、期刊和专著，三是1950年代以后的统计资料、文史资料、论文和专著。

其中，价值最大的，当属清代至民国海关贸易报告和领事报告。根据海关总税务司的规定，各分关税务司每年定期要向总税务司递交贸易报告。内容包括本关的贸易情形和贸易统计，还有当地的政治、军事、交通、物价、税收、人口、市政、灾害等以及腹地经济社会的方方面面，涉及较广泛。海关报告又分年度报告和十年报告两种，都是依据海关统计月报和各种调查资料撰写而成，数据相对准确。所以，它们是有关港口贸易与腹地经济发展研究的最准确、最全面的第一手资料。2001年，京华出版社出版了由茅家琦主编的《中国旧海关史料（1859—1948）》，收录了重庆、宜昌、万县的全部海关资料，包括三港的年度贸易报告、年度贸易统计和十年调查报告，为本研究提供了极大的便利。另外，民生公司经济研究处甘祠森于1936年汇编的《最近四十五年来四川省进出口贸易统计》，此资料系《中国旧海关史料》中重庆（1891—1935）、万县（1917—1935）两港海关进出口数据资料的汇编，经核对与旧海关史料一致，且使用方便，起到了很好的补充作用。

清代至民国的调查资料、期刊和专著，都是当时的人撰写和研究当时的事情，可信度较高。它们涉及的内容也较丰富，专业性和系统性也较强，更具参考和史料价值。1950年代以后的统计资料、文史资料、论文和专著，对于本研究，有着直观的学术启迪和参考作用。不过，由于他们属于当代人的著作，远离了当时的历史环境，这一时期汇编的关于近代经济的统计资料，以及现在的对历史的回忆和撰写的文史资料，多是依据当时的文献资料写成，只能作为二手资料来用，但还是有一定史料价值的。

第一章　宜昌港与腹地经济关系分析

第一节　宜昌港进出口贸易情形

一、贸易数量

1877年4月1日，宜昌海关正式成立，宜昌正式开埠。宜昌在设关之时，列强期望"宜昌将来可能成为一个洋货向内地分发的中心市场，成为运往东部沿海及欧美的土货、旧货加工产品接收市场"。①作为"川鄂咽喉"，宜昌的贸易特点可以概括为"洋货进川、土货出川"，在调节长江上游和中下游之间的货物流通方面发挥着重要作用。

在1891年重庆开埠前，宜昌是连接长江上游和中游的主要通商口岸。

---

①李约瑟：《宜昌十年报告（1882—1891）》，宜昌海关税务司。

表 1-1-1　1877—1894 年宜昌进出口货值统计表单位（海关两）[1]

年份	洋货进口	土货进口	土货出口	贸易总值
1877	0	0	4,585	4,585
1878	19,207	13,715	38,092	71,014
1879	223,516	35,148	353,849	612,513
1880	1,010,256	224,471	859,053	2,093,780
1881	885,482	149,728	478,795	1,523,005
1882	861,536	129,227	683,578	1,674,341
1883	1,436,601	93,418	1,020,629	2,550,648
1884	1,036,568	70,407	928,757	2,035,732
1885	1,693,747	58,537	1,324,846	3,077,146
1886	1,416,419	140,051	1,858,195	3,414,665
1887	1,955,353	421,166	2,211,733	4,588,252
1888	2,279,935	259,087	2,498,248	5,037,270
1889	1,978,874	342,883	2,425,559	4,747,316
1890	3,437,026	496,626	2,469,643	6,403,295
1891	2,313,956	415,125	1,180,240	3,909,321
1892	607,238	475,007	353,257	1,435,502
1893	446,788	456,699	397,612	1,301,099
1894	572,603	373,380	317,641	1,263,624

"洋货进口"主要是指洋货在宜昌关进口，之后转运到四川；"土货进口"指从汉口进口土货；"土货出口"指来自四川的各种土货以及少数宜昌本地土货，运到宜昌关，报关缴税出口到其他通商口岸。重庆开埠后，"土货出口"的货物主要是来自重庆的四川土货，"土货出口"主要指从重庆运来的土货再从宜昌出口到其他通商口岸。

[1] 资料来源：宜昌市税务局税志办公室编纂：《宜昌海关简志》，1988 年，第 40—41 页；宜昌市商业局《商业志》委员会编：《宜昌市贸易史料选辑》，1986 年，第 784 页。

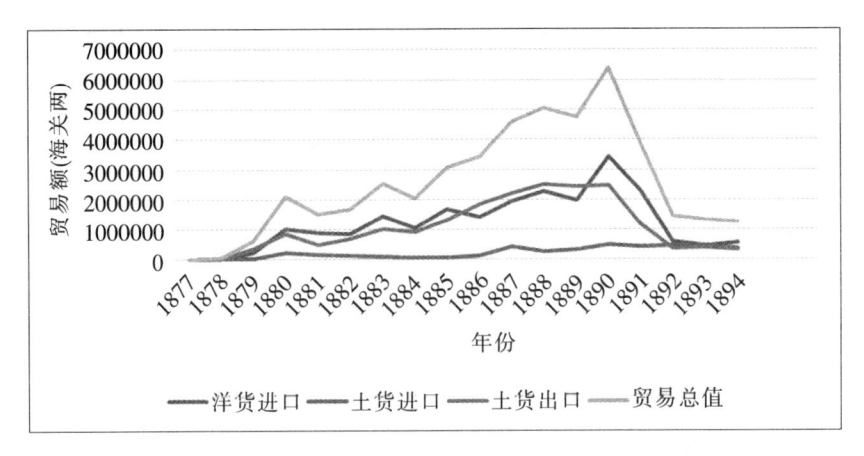

图 1-1-1　1877—1894 年宜昌进出口货值统计折线图

自开埠后,宜昌口岸进出口货值总体呈不断上升趋势。1878年进口总额仅为 3 万两,在 1890 年达到峰值 393 万两,这次贸易额的增加主要依靠于洋货贸易的增加,它占到贸易总额的 87.4%。1891 年重庆开埠后,四川地区大部分所需进口货物和所出口土货,都直接由重庆关进行,宜昌贸易总值大幅度减少。重庆开埠后,宜昌洋货进口的比重急剧下降,从 1891 年的 231 万两一下子跌到 1892 年的 60.7 万两,导致整个贸易总值也急剧下滑。然而重庆的开埠,也使得宜昌的进出口贸易有了更广阔供给和消费腹地。1900 年以后,宜昌口的贸易总值继续稳步增长。

表 1-1-2　1900—1933 年宜昌进出口货值统计表①

单位(海关两)

年份	洋货进口	土货进口	土货出口	贸易总值
1900	516,117	622,115	699,838	1,838,070
1901	1,110,016	672,701	856,238	2,638,955
1902	813,978	422,548	1,291,228	2,527,814

①资料来源:宜昌市税务局税志办公室编纂:《宜昌海关简志》,1988 年,第 42 页;实业部国际贸易部编纂:《最近三十四年来(1900—1933)中国通商口岸对外贸易统计》,1935 年。

续表

年份	洋货进口	土货进口	土货出口	贸易总值
1903	818,809	1,000,941	1,369,816	3,189,566
1904	1,004,463	426,360	1,530,404	2,961,227
1905	1,142,670	412,256	1,708,735	3,263,670
1906	1,080,150	386,472	3,275,125	4,741,747
1907	503,874	234,377	5,818,922	6,557,173
1908	1,798,943	332,655	5,481,620	7,613,218
1909	873,578	329,513	13,644,404	14,847,495
1910	2,262,924	816,548	10,305,884	13,385,356
1911	1,965,872	1,322,223	1,517,692	4,805,787
1912	1,150,550	915,275	3,487,070	5,552,895
1913	1,843,318	839,812	3,036,426	5,719,556
1914	1,734,621	393,360	2,654,349	4,782,338
1915	1,144,896	703,569	3,052,114	4,900,579
1916	1,429,897	1,685,492	3,514,062	6,629,451
1917	2,157,359	1,377,973	2,150,257	5,685,589
1918	682,948	1,073,691	2,142,596	3,899,235
1919	2,465,890	2,129,226	1,450,535	6,045,651
1920	3,336,071	4,816,269	1,001,726	9,154,066
1921	393,946	2,560,094	1,387,769	4,341,809
1922	1,723,268	5,454,207	1,740,261	8,917,736
1923	1,629,990	3,433,024	2,774,146	7,837,160
1924	3,832,817	11,411,742	2,410,892	17,655,451
1925	3,879,498	6,295,893	2,633,741	12,809,132
1926	3,635,347	9,616,893	3,568,749	16,820,989
1927	810,883	4,478,471	2,272,157	7,561,511
1928	4,308,107	5,469,845	3,755,235	13,533,187
1929	2,684,846	6,727,094	3,250,000	12,661,940
1930	2,677,554	5,062,707	6,159,922	13,900,183

续表

年份	洋货进口	土货进口	土货出口	贸易总值
1931	2,196,317	5,662,261	3,981,645	11,840,223
1932	224,212	6,596,721	4,857,872	11,678,796
1933	324,311	5,775,796	2,606,220	8,703,327

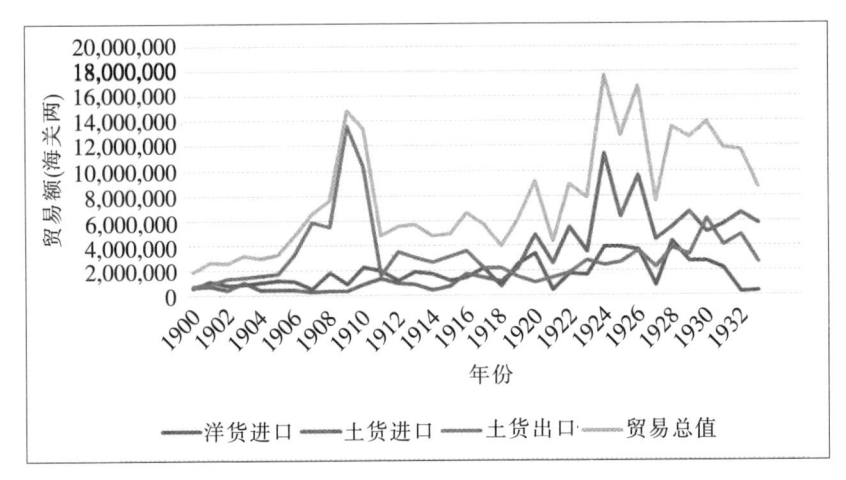

图1-1-2　1900—1933年宜昌进出口货值统计折线图

1905到1909年土货出口数量和贸易总值剧增，是与鸦片贸易的消长有关的。甲午战争后，为支付巨额战争赔款，清政府向各省摊派。湖广总督张之洞为筹措经费，加大了对土药的稽查力度，并于1905年在宜昌设立八省合办膏捐总局，原来走私的大批烟土被迫经宜昌纳税后转运汉口。[①] 此后，宜昌的土货出口额和土药税大增，以至于1909和1910年的贸易总额达到1484.7万两和1338.5万两。然而，这一畸形的贸易繁荣是短暂的。[②] 1910年，清政府禁止鸦片贸易，宜昌口岸鸦片贸易从高峰落入低谷，使得次年的土货出口量从1030.5万两跌至151.7万两，以至于

---

①湖北省宜昌市地方志编纂委员会：《宜昌市志》，黄山书社，1999年，第57页。
②同上，第59页。

贸易总额大幅缩减。此后一直到1918年，宜昌年进出口额和贸易总额出现了停滞和下降的趋势，主要原因是由于政局不稳、形势动乱，辛亥革命和护国战争期间，湖北和四川的经济直接受到战事打击，使得宜昌口岸贸易深受影响，进出口减少。

1917年以来，随着万县分关的开放，宜昌的进出口贸易有了更为广阔的市场和商品来源，更为明显的变化是，土货进出口数值开始大增，这种增长的出现一是由于长江中下游地区工业快速增长增加了对长江上游地区原料的需求，使得长江上游地区桐油、生丝等产品的出口剧增，二是由于长江上游地区基础设施的发展、人民物质需求的提高，使得工业品、纺织品、百货的进口大幅增长。

二、贸易结构

1. 进口货物：

据海关史料记载，宜昌的洋货进口始于1878年。清末、北洋政府时期，宜昌口岸进口货物以棉纺织品、煤油、烟、酒、糖等工业品为主。其中从英、美、法、德、日、俄、荷兰、比利时、香港等国和地区进口的货物主要有棉织品、毛织品、杂货（海参、鱼肚、海带等海产品以及染料和颜料）、玻璃制品、医药品、金属类、机械、仪器、枪支弹药等。进口比重以1908年为例：棉纱40%，印度长纤维棉纱10%，煤油30%，烟草5%，糖、染料等15%。[①] 国民政府时期（1927—1940年），宜昌口岸进口商品主要是棉布、棉纱、糖、卷烟、医药、煤油、生铁、钢

[①]孙维玉主编，宜昌市档案局编：《宜昌海关史略》，鄂西地质制印公司，1995年，第38-39页。

材、机器、仪器等，绝大多数来自美、日、英、法、荷兰、印度、意大利及香港等国家和地区。①

2. 出口货物：

宜昌本地物产贫乏，输出的货物很少，外地输入宜昌的货物主要是为了复出口到其他地区。从四川运来的土货，经宜昌转船出口到长江中下游其他通商口岸。据海关史料记载，宜昌的土货出口始于1877年。清末以及北洋政府时期，经宜昌口岸出口的货物主要有猪鬃、牛羊皮、桐油、药材、生漆、茶叶、烟叶、棉花、生丝等。在清末的34年间，土货出口贸易额由1877年的4585两，逐年上升到1909年的1364万两。北洋政府期间（1913—1926年），土货贸易最低年份为100.2万两（1920年），最高年份为356.9万两（1926年）。

国民政府时期，宜昌关出口货物仍以前述诸特产为主。如1930年，计出口毛尖茶2000余石，生漆2万桶、五倍子200石、牛皮1万余张、羊皮5万张、猪毛300担。② 1931年宜昌关出口有：原料柏油，17268担，价值27.3万两；桐油，27226担，价值49.3万两；生漆，9081担，价值64.4万两。③

由此可见，宜昌关的出口货物以农产品为主，以药材、生漆、桐油、木炭为大宗，又有少量矿产出口。进口则以工业品为主，其中又以毛纺织品、烟、酒、糖等及军火为主要构成。④ 具体可见1933年宜昌各类货物货值进出口比例图。

---

① 湖北省宜昌市委员会文史资料委员会编：《宜昌市文史资料·第12辑》，1991年，第60—61页。
②《宜昌海关史略》，鄂西地质制印公司，1995年，第40页。
③ 湖北省宜昌市委员会文史资料委员会编：《宜昌市文史资料·第12辑》，1991年，第61页。
④《宜昌海关史略》，鄂西地质制印公司，1995年，第42页。

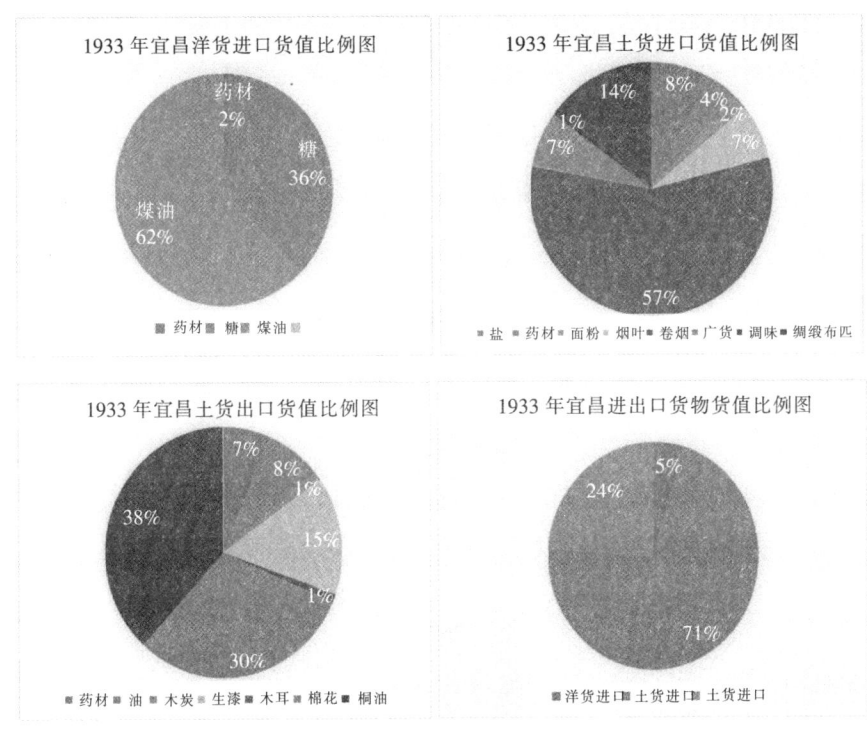

图1-1-3 1933年宜昌各类货物货值进出口结构图

第二节 宜昌港与腹地的交通联系

一、水路运输

宜昌地区水运源远流长、河流众多。长江自西向东，流经秭归、宜昌、宜都、枝江四县（市），境内全长232公里。清江系鄂西南水路运输线，上通恩施，穿越长阳县境，于宜都市陆城泻入长江，境内全长186.5公里。还有香溪河、沮漳河等中小河流

· 27 ·

贯通腹地形成纵横交错的航运水系。①

　　开埠以前，宜昌交通运输，尚需木船。本地木船为民船，由外县外省随时往来，无有确数，其常本地者有川楚八帮，湖南两帮，荆沙一帮。依据航业局估计，共有船约一千艘之多。通航地点上至重庆，下达汉口、湖南，各帮划立界限，不相混杂。② 表1-2-1 为各帮之船舶估计及通航地点。

表1-2-1　宜昌港口各船帮之船舶估计与通商地点③

帮别		估计船舶数	通航地点
川楚八帮	秭归帮	300	上至秭归，下至宜昌、沙市
	巴东帮	50	上至巴东，下至宜昌
	奉大巫帮	30	上至巫山、奉节，下至宜昌
	云开帮	100	上至云阳、开县，下至宜昌
	万县帮	30	上至万县，下至宜昌
	忠丰石帮	25	上至忠县、丰都，下至宜昌
	长涪帮	25	上至长寿、涪陵，下至宜昌
	大红旗帮	50	上至重庆，下至宜昌
湖南两帮	湘帮	80	上至宜昌，下至岳州、湘阴、长沙等
	九醴帮	150	上至宜昌，下至醴津、常德、安乡等
	荆沙帮	200	上至宜昌，下至沙市、汉口

　　宜昌开埠后，入川洋货猛增。由于川江天险，轮船一时难以入川。1890年英国迫使清廷与之签订的《烟台条约续增条款》中，明确规定："英商自宜昌至重庆往来运货，或雇华船，或自备华式之船，悉听其便。"④ 这就使各国商人竞相雇佣中国木船，

---

①宜昌地区交通志编辑委员会：《宜昌地区交通志》，中华书局，2001年，第3页。
②国民经济研究所：《战时宜昌运输报关保险等事业之调查》（第63号），1938年9月，第14—16页。
③资料来源：国民经济研究所：《战时宜昌运输报关保险等事业之调查》，（第63号），1938年9月，第14—16页。
④王铁崖：《中外旧约章汇编》第一册，三联书店，1957年，第349页。

木船一经租用，就要按章挂本商行行旗，俗称"挂旗船"。据宜昌关平善坝和重庆关唐家沱两处派驻人员的调查，1891－1897年间，宜渝间行驶的挂旗船，每年大约一千艘上下，① 可见表1-2-2。1906年以后，由于轮船增多，挂旗船逐渐减少，到1926年趋于消失。

表1-2-2　1898—1908年宜渝线挂旗船登记表②

年代	挂旗国籍	出口 只数	出口 吨数	进口 只数	进口 吨数	总计 只数	总计 吨数
1891年	英美	307	73,986	300	7,332	607	81,318
1892年	英美中	676	9,776	1,203	33,518	1,879	43,94
1893年	英美中	727	11,935	1,034	27,922	1,761	39,857
1894年	英美中	813	12,945	1,180	34,134	1,993	47,068
1895年	英美中	917	17,237	1,200	36,881	2,117	54,118
1896年	英美中	779	16,114	1,279	36,500	2,058	52,614
1897年	英美中	807	19,408	1,444	49,036	2,251	68,444
1898年	英美法中	1,434	48,298	681	16,877	2,115	65,175
1899年	英美法中	1,894	76,008	1,014	24,578	2,908	100,586
1900年	英美中	1,846	62,147	835	22,715	2,691	84,862
1901年	英德中	1,453	50,542	937	24,902	2,420	75,444
1902年	英德法日中	1,465	52,206	876	26,343	2,431	78,549
1903年	英德法日中	1,741	57,984	870		2,611	87,210
1904年	英美德法日中	1,743	50,623	947	35,615	269	86,238
1905年	英美德日中	1,530	46,499	983	34,627	2,513	81,126
1906年	英中	1,684	52,209	966	27,200	2,650	79,409
1907年	中	1,355	43,082	926	25,877	2,281	68,559
1908年	中	1,563	51,871	1,004	27,837	2,567	79,708

①邓少琴：《近代川江航运简史》，重庆地方史资料组，1982年，第33页。
②资料来源：邓少琴：《近代川江航运简史》，重庆地方史资料组，1982年，第33页，第80－81页。

在当时行驶川江的木帆船中，有大量不挂旗的厘金船，因其向厘局缴纳厘金，故称"厘金船"。四川土货盐和煤的出口，以厘金船为专运。厘金船通常可以在沿途买卖，而挂旗船必须要到达通商口岸才能出售。[1] 厘金船是与挂旗船相抗衡的一支力量，以厘金船行驶川江，是中国民族航业同外国航商斗争的一种手段。据宜昌海关册载，宜渝线每年通过的厘金船大致在1万艘次以上，[2] 如表1-2-3和1-2-4。

表1-2-3　1892—1894年间宜渝线厘金船航行统计[3]

统计年代	宜昌平善坝验卡调查数目	重庆唐家沱验卡调查数目
1892	12000只	无
1893	10200只	无
1894	10620只	18000只
1895	无	10951只

其后平善坝卡还有如下记载，如表1-2-4。

表1-2-4　1903—1908年间厘金船调查表[4]

年代	下水 只数	下水 载重	上水 只数	上水 载重
1903年	8,139	162,780	4,222	84,440
1904年	11,013	165,223	9,423	157,546
1905年	8,554	128,912	7,043	100,353
1906年	8,743	140,157	6,423	92,734
1908年			13,700	340,000

迨1876年，宜昌被辟为商埠设置海关之后，始通轮运。最先

---

[1]《近代川江航运简史》，重庆地方史资料组，1982年，第77页。
[2]《近代川江航运简史》，重庆地方史资料组，1982年，第76页。
[3] 资料来源：邓德耀、李进都：《宜昌海关史略（1877—1949）》；《宜昌文史资料选辑》第12辑，1991年。
[4] 资料来源：《近代川江航运简史》，重庆地方史资料组，1982年，第77页。

由国营招商局派轮来往行驶，之后，外商如怡和、太古、大阪等公司轮船纷纷开至宜昌，行驶于宜汉、宜沪、宜渝之间，拼命角逐于长江水域，不断扩大自己的侵略势力。① 1908年，四川川江公司在宜昌设立办事处，并购置蜀通号轮船，经试航正式开辟宜渝航线，中国航业渐有起色。② 长江航线可由上海经武汉、宜昌直达重庆，以前行驶宜渝线的轮船也纷纷扩展航路，行驶沪宜渝线。1926年，民生实业公司成立，在长江水域异军突起颇具影响。1931年将航线扩展至宜昌，后又直达上海。③ 此后，民族航业的劣势开始向优势转化，1935年航行于宜昌港的中外轮船达82艘，共计54845吨，其中中国轮船占船舶总数的40%，占吨位总数的29%。④ 见表1-2-5。

表1-2-5　1935年航行于宜昌港的中外轮船数量及吨数统计⑤

国籍	数量	吨数	国籍	数量	吨数
中国	33	15937	美国	12	4417
英国	26	27999	法国	2	921
日本	6	4425	意大利	3	1146

二、陆路运输

新中国成立前，宜昌地区因地势显要，有崇山峻岭，加之生产力水平低下，陆路交通发展缓慢。清末民国时期，宜昌道路在

---

①王洸：《中国航运·扬子江流域航业概况》，《宜昌文史资料选辑》，第1辑
②《星槎周报》，第48期，1931年5月。
③长航档案，全宗号030-3060，1936年5月；《新世界》80、81期，1935年11月。
④《交通年鉴·航政篇》，1935年；《星槎周报》，第48期，1931年5月。
⑤资料来源：《交通年鉴·航政篇》，1935年；《星槎周报》，第48期，1931年5月。

原驿道的基础上,① 逐步形成了以宜昌县城（今宜昌市）为中心，通往毗邻地区的人行大道。②

宜施大路：从宜昌南岸安安庙（今朱市街）起，经点军坡、大桥边、曹家畈、大桥溪、大河坪、野三关、高店子、红岩子至建始，再延伸到施南府（今恩施）。全长339.5公里。

宜巴人行道：由宜昌起，经雾渡河、大峡口、兴山、东襄山至巴东，全长440里。

东大道：由宜昌出东门、上茶庵，经石板铺、峰宝山、龙泉铺，过双莲寺到当阳。

南大道：由宜昌出南大门，经杨岔路、潭包、土门垭至龙泉铺，再经土门垭、新场、雅鹊岭至当阳。

北大道：由宜昌出北门，经晓溪塔、河口、雾渡河、大峡口至兴山和经晓溪塔、凉水井、界岭至远安。

西大道：由镇川门过江，至安安庙（朱市街），经大桥边、土城至长阳。

新中国成立前，宜昌的铁路和公路运输曾于20世纪初和20世纪30年代短暂兴起，然而它们或是半路夭折或是昙花一现。1906—1916年，历经10年，耗资804万元的川汉铁路宜昌至万县段，已经铺设了宜昌至晓溪塔7.5公里的轨道，但由于当时中国政治腐败、经济衰退，列强趁机掠夺，民国政府遂以工程艰巨、借款困难为由，宣告川汉铁路正式破产。③ 1934年汉宜公路建成通车，这是宜昌境内建成的第一条公路。1940年，沙市、宜

---

①1864年（清同治三年）《宜昌府志》记载，铺递：由宜昌往当阳的有：县前、东门、盘石、峰溪、龙泉、天津；南往宜都的有：县前、青草、临江、乌石；西往秭归的有：县前、卷桥、小溪、桃花、泥水、望州。
②宜昌地区交通志编纂委员会：《宜昌地区交通志》，中华书局，2001年，第285-290页。
③宜昌地区交通志编纂委员会：《宜昌地区交通志》，中华书局，2001年，第4页。

昌被日军占领后，汉宜路运输中断。①

综上所述，在宜昌港腹地的交通运输主要以水路运输为主，陆路运输主要是在施南、建始、远安、南漳等鄂西山地和东北秦巴山区等水路运输不便的地区运用，对水运起到了很好的补充作用，对边缘腹地水运不及的区域，起到了拓展宜昌港腹地空间的作用。而与此同时，宜昌港腹地所依赖的水运由于长江上游水文条件和地形条件的制约，只能在长江宜渝段内通行中小型轮船，其他水道始终依赖木船运输。水陆运输网络，把宜昌港与腹地联系起来，在一些交通便利的地方形成了商品集散市场，担负着销售洋货，集中土货的职能。

第三节 宜昌港与腹地的货物往来

港口的贸易，需要腹地的支撑，港口贸易的发展和它背后的腹地是密切相关的。开埠以后，由于进出口贸易的发展和交通条件的改善，港口与腹地的关系日益密切。按照经济地理学的观点，经济腹地一般由出口货物的供应地和进口货物的销售地两大部分组成，这种基于货物联系形成的港口的腹地，实际上也是港口城市的腹地，两者的空间范围大致相同。② 根据相关研究资料，将宜昌10类大宗出口货物来源地和10类大宗进口货物的销售地整理如下，以确定其腹地空间范围。

---

①《宜昌地区交通志》，中华书局，2001年，第377页。
②周一星、杨家文：《九十年代我国区际货流联系的变动趋势》，《中国软科学》，2001年第6期。

一、大宗出口货物

1. 生漆

宜昌之漆皆由鄂西、川东一带而来。当地农民,于六七月间,割树采漆,纳于一斤余之小桶中,漆商向农民收买,改装大桶,运往宜昌。集中于宜昌的生漆种类甚多,大都以产地为名,主要有五种:建始漆、毛坝漆、大宁漆、万足漆、龙潭漆。建始漆产在湖北建始、秭归、长阳、长乐、巴东、鹤峰等地,毛坝漆产于湖北宣恩、利川、来凤、恩施一带,大宁漆产于四川大宁、兴安等处,万足漆产于重庆一带,龙潭漆产于四川酉阳(今属重庆)一带。① 生漆集散市场,毛坝、建始等漆,皆集中于施南、宜昌、团堡寺三处。四川所产大宁、万足、龙潭等漆,则皆集于重庆、龚滩等处。② 以上各类生漆,皆在集散地集中后运至宜昌,后运至汉口出口。③

2. 桐油

桐油集中区域,各油来源与产额,大抵以川桐为最多,④ 在宜昌报关转运汉口销售,其输出数量在战前每年约3万担左右。⑤ 宜昌本地并不大量生产桐油,因接近四川,所以聚集四川之桐油,一部分为鄂西利川、宣恩、恩施、建始、巴东、秭归、兴山等县所产,一部分则由四川云阳、巫山、奉节等县运来,西部秭归、兴山、巴东,施南以及四川巫山、奉节等地约占4成,北部

---

① 《汉口漆市之调查》,《工商半月刊》一卷十七期,1929年9月。
② 《工商半月刊》,2卷,1931年11月。
③ 《工商半月刊》,1卷17期,1928年。
④ 南夔:《新湖北季刊》,1卷1期,1941年1月。
⑤ 既明:《银行杂志》(特别调查报告),1923年。

南漳、保安、远安等地约占5成，南部宜都、长阳等地约占1成。① 桐油由县区到宜昌，一般由小贩或农户本人运来。由于民船运输不便，中间流弊太多，洋商多进一步，亲至重庆、万县、宜昌等地就近采办。②

3. 茶叶

湖北茶叶，一向地位非常重要，每年输出国外约占总输出量的4/1。鄂西地区所产上级红茶，与祁宁比美，驰名于国外，属本省最重要的地位。③ 其产地主要为鄂西地区，有远安、鹤峰、当阳、宜都、兴山、秭归、长阳、五峰、宣恩、来凤、利川、恩施、咸丰、建始、巴东。其他数县，仅产少量青茶，无关重要，而著名之宜红茶，实五峰、鹤峰二县特产。④ 产茶季节为春季，由当地茶农采摘，焙干后装入麻布口袋，再由茶贩、茶商运至集散市场后到宜昌集中。⑤ 集散市场有两处，一为五峰县之渔阳关，一为长阳县资丘。鄂西之茶皆由民船运至汉口，自汉口出口。⑥

4. 柏油

柏油由乌桕实中榨取，为制造肥皂、蜡烛之原料，用处颇大，产地亦广。⑦ 自开埠后洋商亦多采购，宜昌城区各榨坊年产皮油约1万担，子油约7千担，木油制自各乡镇作坊，产额不多。⑧ 柏油以鄂西、鄂东产量最大，鄂西产区主要为宜都、恩施、咸丰、建始，各处产品多集中恩施、巴东、宜昌、汉口等地。战

---

①国民经济研究所：《战时宜昌集中农产品近况调查》，1938年6月，总第32号，第3页。
②既明：《银行杂志》，特别调查报告，1923年。
③戴啸洲：《鄂西茶叶调查报告》，《实业月刊》，1935年。
④湖北省政府秘书处统计室：《湖北概况统计》，1930年。
⑤实业部统计长办公室：《恩施茶叶调查》，1935年5月。
⑥胡焕宗：《湖北全省实业志》，卷4，湖北实业厅，1920年，第44—45页。
⑦《工商半月刊》，1卷18期，1927年。
⑧胡效新：《宜昌县志初稿·食货全》：货类，1936年。

前多销四川、广东、湖南。[①]

5. 毛烟

烟叶在宜昌集散者，有四川烟和沙市烟两种。四川烟主要来源于什邡、新都、江津、南溪；沙市烟来源于江陵。四川烟从运区到重庆仅用木船，重庆到宜昌则由轮运，沙市烟到宜昌均用轮装运。[②] 四川烟叶到宜昌后，由宜昌口转运各地，销区主要是宜昌以下和沙市以上地区；沙市烟叶全销宜昌四乡。[③]

6. 药材

四川、鄂西所产药材数量丰富、种类众多。川芎、当归、大黄、姜黄等药材大都产于四川，在重庆集散后运至宜昌转口。宜昌出口以杜仲、续断、木通、独活等为最多，占70%–80%，多产自鄂西兴山、长阳以及鄂北房县。各项药材多由重庆、巴东、老河口集中至宜昌，转运汉口，分销省内及省外。[④]

7. 木子

木子为柏油树之子，经榨坊榨油，后可作擦机器、燃火之用，或作皂烛等化学工业之原料。宜昌每年集散木子约有3万公担。[⑤] 宜昌木子来源，宜昌四乡每年2万公担，秭归、巫山、巴东等地约1万5千公担。[⑥] 各地木子，除1/5在宜昌榨坊榨油外，其余均在本地榨坊榨油。木子到宜昌来之运输方法，在宜昌四乡

[①] 中南贸易部：《中南区土产参考资料》，1950年11月。
[②] 国民经济研究所：《战时宜昌集中农产品近况调查》，总第32号，1938年6月，第17–18页。
[③] 国民经济研究所：《战时宜昌集中农产品近况调查》，总第32号，1938年6月，第17–18页；宜昌市人民政府工商局编：《宜昌市主要物资（1931—1952）进出转口历史概况》，1952年。
[④] 中南贸易部：《中南区土产参考资料》，1950年11月。
[⑤] 国民经济研究所：《战时宜昌集中农产品调查近况》，总第32号，1938年6月，第29页。
[⑥] 国民经济研究所：《战时宜昌集中农产品近况调查》，总第32号，1938年6月，第24页。

者均用人力肩挑，在秭归、巫山、巴东者，均用木船装来。① 宜昌木子，多运至汉口和上海销售。②

8. 木炭

木炭由栗木烧成，主要为当地生炉取暖，及茶食铺烘烧饼等应用。当其他农产品如桐油、木子、棉花跌价滞销时，乡民为了谋生，多取栗树烧炭销售，以补经济上的困乏。木炭每年在宜昌集散数量，约1万5千公担至2千公担。③ 宜昌木炭之主要来源地为宜昌本地及附近地区，宜昌四乡占四成，远安、秭归占六成。木炭由产区运来宜昌，为人力肩挑或木船装运。再宜昌运至泸、汉等销售，全系轮船。④

9. 水果

四川及鄂西地区水果产量丰富、种类众多。宜昌亦为重要的水果集散地，贸易历来发达。宜昌集散之水果，以冬季之桔子为最多，约2万4千担。秋季之梨为第二，约5千担。其他夏季之桃子、李子，秋季之板栗，冬季之柑子等各约2千担。⑤ 宜昌水果的来源地，主要是四川和宜昌本地。桔子全来自于四川，且大部分是通过万县转运而来，所以数量上重庆、涪州、郧阳占一成，万县占九成；梨主要来自宜昌本地，宜昌北乡占七成，东乡三成；柑子来自宜昌西北乡，其中兴山、秭归交界之区，青滩、茅坪最为著名；桃子来自宜昌之北乡；李子来自宜昌四乡；板栗

---

①国民经济研究所：《战时宜昌集中农产品近况调查》，总第32号，1938年6月，第25－26页。
②国民经济研究所：《战时宜昌集中农产品近况调查》，总第32号，1938年6月，第25页。
③国民经济研究所：《战时宜昌林产品调查》，总第34号，1938年6月，第4页。
④国民经济研究所：《战时宜昌集中农产品近况调查》，总第32号，1938年6月，第5页。
⑤国民经济研究所：《战时宜昌林产品调查》，总第34号，1938年6月，第1页。

来自宜昌西乡罗佃溪流域。① 桔子全由产地装民船运输而来，其他各种全是小划船。从水果销路来看，宜昌本地占二成，汉口、沙市八成，其他为湖南、湖北各地。②

10. 五倍子

五倍子为制造黑色染料之原料，外贸输出多以供制墨水及染料，在我国出口货物中占重要地位。五倍子以四川出产最佳，鄂西方面也有来源，品质较川货稍逊。③ 集中于宜昌的五倍子主要来源于四川、湖北，四川的万县、秀山、涪州、彭水、重庆、泸县，为主要的产地，四川出产桔子，大都集中于重庆万县，然后由长江运至宜昌；湖北产地，以长阳、秭归、兴山、巴东、巫溪、远安、建始、宜都为主要产地，多由水路集中于宜昌。④ 四川、湖北多由宜昌集中，转运汉口，销至长江下游及广州、香港、欧美等国。⑤

二、大宗进口货物

1. 盐

宜昌本地销盐，有川盐、淮盐、青盐三种。川盐来自四川自贡，淮盐来自淮北，青盐来自青岛。宜昌所销之盐，大部分为川盐，占70%至80%之间；淮盐次之，占20%至25%之间；青盐最少，不过2%至3%。⑥ 鄂西一带原为淮盐销区，太平天国占据

---

①国民经济研究所：《战时宜昌集中农产品近况调查》，总第32号，1938年6月，第25－26页。
②国民经济研究所：《战时宜昌林产品调查》，总第34号，1938年6月，第2页。
③《总商会月报》，1921年10月。
④参见《汉口桔子市况之调查》，《工商半月刊》，1卷17期，1929年9月；中南贸易部：《中南区土产参考资料》，1950年11月。
⑤中南贸易部：《中南区土产参考资料》，1950年11月。
⑥国民经济研究所：《战时宜昌食盐调查》，总第39号，1938年7月，第1页。

武汉，淮盐遂不能运到鄂西，当时人们有淡食之忧。由丁宝桢借食川盐，川盐才运楚济销。太平天国失败后，淮盐虽能运到鄂西来，但以鄂西人们食用川盐已成习惯，且以川盐价廉味美，遂代替淮盐，取得鄂西市场。1928年以后，淮盐产量丰富，遂运淮盐到沙市、宜昌两地与川盐竞销，是为川淮盐并销时期。[1] 除川盐、淮盐之外，鹤峰、长阳等地也有犍盐、云盐、大宁盐行销。[2]

2. 花、纱、布类

鄂西的兴山、秭归、长阳、五峰、宜昌、恩施，川东的巫山、巫溪、奉节等县，均为大山区，由于气候、土壤的关系，基本不能种植棉花，广大人民所需的衣服、被子用布，需从外地购进。[3] 宜昌开埠后，棉纱的进口量大增，宜昌进口的棉花、棉纱、布绸主要由江汉平原、汉口、上海运来，大都在三斗坪、茅坪集散，销售地为川东和鄂西地区，川东地区以重庆、万县巫山、奉节为主，鄂西地区为宜昌、秭归、巴东、兴山、施南、宜都。土布主要由江汉平原运来，在枝江县董市、宜都古老背集散，在巴东、兴山、秭归地区销售。[4]

3. 糖

宜昌行销的糖业，分川糖和进口糖两类。川糖主要产地，为四川内江、资中两县；进口糖之来源，为日本、香港、爪哇三

---

[1] 宜昌市人民政府工程局编：《宜昌市主要物资（1931—1952）进出转口历史概况》，1952年9月8日。
[2] 周庆云：《盐法通志》，卷12·疆域，1928年。
[3] 冯锦卿：《宜昌市文史资料》，第1辑，宜昌土布业的历史概况，1982年，第114页。
[4] 参见《湖北之棉业续》，《中国经济评论》，1卷8期，1935年8月；宜昌市人民政府工程局编：《宜昌市主要物资（1931—1952）进出转口历史概况》，1952年9月8日；梁庆椿：《战时三茅棉产销研究》，《鄂棉产销研究》，1944年，第122-125页；国民经济研究所：《战时宜昌外来工产品调查》，总第55号，1938年8月，第2-6页；冯锦卿：《宜昌市文史资料》，第1辑，宜昌土布业的历史概况，1982年，第114页。

处。① 川糖由产区贩运至重庆后，大都直接驳装轮船，运至宜昌、沙市、汉口等地行销。② 川糖之集中于宜昌者，主要销路为湖南洞庭湖沿岸各地，如常德、津市、澧县、安乡；以及汉口、宜昌、沙市等地。由宜昌到沙市、汉口销售，全用轮船；到湖南销售，全用民船。③

4. 百货

宜昌的百货商店，大小共有一百余家。其采办与销售的百货商品主要有四类，洋广商品（包括棉织如衣服、袜子、帽子、毛巾等类）、资料用具、化妆品、橡胶鞋及其他杂品。全年销售数量，平时约100万元左右。④ 宜昌所销百货，采购地点为上海和汉口。其销路主要为宜昌本市、秭归、兴山、巫山、宜都、长阳等处。由上海来均载大轮，由汉口来或装大轮或装小轮；由本地销至外埠，往秭归、兴山、巴东、巫山、奉节等地均用民船，或先用民船装至巴东，转汽车。⑤

5. 纸烟、火柴

宜昌纸烟多由上海、汉口来，以汉口转来者为最多。销售在宜昌本地与外埠，如秭归、巴东、巫山等处。火柴来源为上海、九江、汉口，重庆亦有输入。销售在宜昌本地约占四成，外埠秭归、兴山、巴东等地约占六成。⑥ 香烟、火柴由上海、汉口、九江等地来者，用大轮装载，重庆火柴数量不多，由宜、渝间航运带来。由宜昌运往外埠销售者，均为民船或人力肩挑运输，与百

---

①国民经济研究所：《战时宜昌外来工产品调查》，总第55号，1938年8月，第18页。
②杨寿林、钟崇敏：《四川蔗糖产销调查》，1941年11月，第23页。
③国民经济研究所：《战时宜昌外来工产品调查》，总第55号，1938年8月，第15页。
④国民经济研究所：《战时宜昌外来工产品调查》，总第55号，1938年8月，第8页。
⑤国民经济研究所：《战时宜昌外来工产品调查》，总第55号，1938年8月，第8-9页。
⑥国民经济研究所：《战时宜昌外来工产品调查》，总第55号，1938年8月，第8-9页。

货无异。①

6. 石油

宜昌所销石油有煤油、汽油两种，煤油为点灯用，汽油为汽车、飞机场用。由于宜昌开埠通商以来，人民生活质量和基础建设的迅速发展，石油需求量大增。来源地分为美国（美孚公司、德士古公司）、英国（亚细亚公司），英、美石油公司在宜昌皆有经销商，石油运输平时各石油公司自备轮船运至宜昌，销售地为宜昌和巴东。②

7. 煤

宜昌销售外来之煤为煤块和煤砖两种，平时煤砖每年销售约二万吨，煤块每年销售约7、8万吨。③煤块和煤砖来源，包括湖北秭归、长阳二处，四川奉节、云阳二处，销售地一向为宜昌城内外，也有部分经宜昌转运至上海、汉口。④

8. 瓷器

清末民初，万商云集的宜昌，对日用商品之一的瓷器，需求量是很大的。而那时川、鄂两省没有生产瓷器的工厂。后来，一些汉川县马口镇以驾船为业的贩运瓷器的商人往来宜昌，经过一段时间的实践，马口帮商人开始在宜昌开始店铺，经营各种瓷器，湖南帮、本地帮的商人也相继经营。宜昌瓷器的销路，有很大部分转运四川。⑤大批发商皆自备木船装运瓷器。各商帮的经销地有所不同：马口帮专营江西景德镇细瓷，以大宗批发为主，

---

①国民经济研究所：《战时宜昌外来工产品调查》，总第55号，1938年8月，第8-9页。
②国民经济研究所：《战时宜昌煤油之调查》，总第43号，1938年7月，第1页。
③同上，第8页。
④宜昌市人民政府工程局编：《宜昌市主要物资（1931—1952）进出转口历史概况》，1952年9月8日。
⑤宜昌市商业局《商业志》编委会：《宜昌市贸易史料选辑》，1991年，第729-730页。

销售以涪陵和万县为主，赊销全川，还销往宜昌周围各县镇，如恩施、巴东、宜都、江口、董市等地；湖南帮以经营湖南醴陵粗瓷为主，既做批发也搞零售，批发地区是四川云阳、奉节、巫山以及宜昌周围各县镇；本地方大多为中小户，资金较少，以江西细瓷零售为主，兼搞粗瓷、铁锅零售，主要以宜昌本地零售为主。①

9. 粮食

宜昌市的粮食贸易兴起较早，粮食行业比较发达。宜昌本地所产粮食不多，大半仰赖周边接济。粮食来源地有水陆之分：河道来自四川、湖南等地；陆路有当阳、远安、荆门等地，也有城区四乡流入的粮食。② 宜昌粮食销售以大米为主，米之销路，平时宜昌本市约六七成，四川约三四成。河米多由运输之米商运来，陆米多由产区之农户或小贩运来。宜昌所销面粉来源为上海和沙市两处。所进口的面粉，4/5 销往本地，1/5 销往外埠。在本市销售派摊销员至各商号推销，或由各商号到门市面洽，外埠则由各地驻宜之庄客到门市接洽。③

10. 畜禽

宜昌各县，除沙市、襄樊、武穴、汉口、武昌等都市由各地每年运来一部分食用外，其余皆销往乡间，主要为宜昌、宜都、当阳、远安、五峰、长阳、兴山、秭归等地。④

---

①喻子凤：《宜昌市文史资料》，第 1 辑，1982 年，第 117 – 118 页。
②宜昌市粮食局修志办公室：《宜昌市粮食志》（未刊稿），1985 年。
③同上。
④《湖北县政概况》，第 1 – 3 卷，1934 年。

第四节　宜昌港腹地空间结构

一、腹地范围

基于货物联系形成的港口的腹地，实际上也是港口中心城市的腹地，两者的空间范围大致相同。根据上节分析的宜昌10类大宗出口货物的来源地和10类大宗进口货物的销售地，可大致勾勒出宜昌港的腹地范围。以宜昌为中心的商业腹地范围，主要是沿长江干流及支流呈东西向分布，并包括以西的乌江、嘉陵江流域小部分地区，东至江汉平原西部及洞庭湖沿岸地区，西至沱江流域的泸县、自贡、内江地区，大部分腹地与港口之间有长江干流及支流的水运贯通。宜昌港经济腹地的县级政区范围为：宜昌、当阳、枝江、松滋、宜都、荆州、江陵、公安、澧县、津市、安乡、远安、南漳、保康、兴山、秭归、长阳、五峰、巴东、巫山、建始、鹤峰、宣恩、恩施、奉节、巫溪、开县、云阳、万县、利川、咸丰、来凤、酉阳、黔江、彭水、涪陵、丰都、石柱、忠县、垫江、梁山、开县、长寿、江北、重庆、巴县、綦江、南川、江津、合江、永川、璧山、铜梁、大足、荣昌、隆昌、内江、资中、自贡、富顺、南溪、泸县。

二、腹地层次

利用节点网络结构，可以将腹地与市场结构对等，将市场结构定义为高层、中层和基层三个级别，把腹地定义为核心、过渡和边缘三个层次。

宜昌周边、三峡南北两岸以及清江流域等地区，是在市场网络和进出口贸易中对宜昌依赖性最强的核心腹地。核心腹地区域包括：宜昌、秭归、长阳、兴山、巴东、建始、恩施、奉节、巫山、当阳、枝江、宜都。这些地区大多数位于长江沿岸地区，与宜昌往来可通轮船、木船，运输便利，是宜昌的主要粮食供应地、农副产品和原料产地，并较多地通过宜昌与外地市场发生联系和进行经济往来。同时，这些地区也以宜昌作为土货出口和洋货进口的重要转运地。宜昌港口发生较大的经济波动，往往会迅速在这些地区产生反响。

重庆至奉节的长江南北两岸、鄂西南山地以及江汉平原西部等地区，是在市场网络和进出口贸易与宜昌经济往来密切的过渡腹地。过渡腹地区域包括：利川、咸丰、来凤、五峰、鹤峰、宣恩、云阳、万县、开县、巫溪、忠县、梁山、垫江、丰都、石柱、彭水、黔江、酉阳、涪陵、长寿、江北、巴县、重庆、綦江、南川。由于重庆是西南地区最大的港口和商业中心，宜昌出口货物很大一部分是先运到重庆集中再往宜昌口岸转运的，所以宜昌与重庆之间的贸易较为频繁。渝东南彭水、酉阳地区以及鄂西南山区的利川、宣恩、鹤峰、五峰等地是宜昌出口货物桐油、药材以及茶叶的主要来源地，运输方式为木船运输。湖南洞庭湖沿岸各地，如津市、澧县、安乡，以及江汉平原西部的江陵、荆州、公安、石首等地是糖类等宜昌进口货物的主要销售地和大米等主要粮食来源地，可通过木船运输。

重庆以西地区以及宜昌东北大巴山地区的保康、南漳等地，是与宜昌有一定经济联系的边缘腹地。边缘腹地与宜昌经济联系较少，包括重庆西部的自贡、富顺、内江、资中，这些地区虽距宜昌较远，但是确实是宜昌大宗进口货物川盐、川糖的主要来源地，货物需在重庆集中，由轮运运至宜昌销售。宜昌东北大巴山区的保康、南漳等地区较为封闭，区域经济较为落后，且交通较为不便，与宜昌之间的货物运输只能通过人力肩挑或畜力驮负，与宜昌的联系比较松散，对宜昌港口的依赖性有限。

第二章　重庆港与腹地经济关系分析

第一节　重庆港进出口贸易情形

一、贸易数量

1891年3月1日，重庆海关正式成立。重庆在开埠前就已是"换船总运之所"[①]，是整个西南地区水运网络中的枢纽，其商业贸易遍及川、滇、黔、秦、楚、吴、越、闽、豫、两广和藏卫之地。

1877年宜昌开关，借助长江通道，四川等西南腹地货物进出口有了较快增长，1875—1890年间重庆进出口货值持续攀升，洋货进口值由1875年的15.6万两增至1890年的481.6万两；出口货值由1879年的24万两增至1890年的481.6万两。[②] 1891年重庆开埠之后，进出口贸易发展迅速。

[①] 乾隆《巴县志》卷3，积贮：课税。
[②] 周勇：《近代重庆经济与社会发展（1876—1949）》，四川大学出版社，1987年，第501-504页。

表 2-1-1 1891—1936 年重庆进出口货值统计表[①]

单位（海关两）

年份	洋货进口	土货进口	土货出口	贸易总值
1891	1,371,027	94,003	1,389,683	2,854,713
1892	5,825,474	399,146	3,021,117	9,245,737
1893	4,574,031	499,630	3,667,235	8,740,896
1894	5,113,195	669,506	4,997,688	10,780,389
1895	5,618,317	1,238,816	6,396,742	13,253,875
1896	6,929,393	979,686	5,223,229	13,132,308
1897	8,444,081	2,776,468	6,751,689	17,972,238
1898	7,967,012	3,573,427	5,887,761	17,428,200
1899	13,075,176	3,884,728	8,832,775	25,792,679
1900	12,918,073	4,541,948	6,993,037	24,453,058
1901	12,598,741	2,555,333	9,114,976	24,269,050
1902	12,882,075	3,156,137	8,639,092	24,681,304
1903	18,073,921	2,873,981	8,276,796	29,224,698
1904	14,689,635	3,764,764	10,952,028	29,406,427
1905	11,557,918	5,007,617	11,269,256	27,834,791
1906	14,823,670	3,285,614	10,892,126	29,001,410
1907	13,322,794	2,653,253	11,079,936	27,055,983
1908	13,872,332	4,318,565	12,990,098	31,180,995
1909	14,048,720	4,238,757	14,177,158	32,464,635
1910	12,546,840	4,271,019	15,490,974	32,308,833
1911	12,559,400	6,511,236	10,069,575	29,140,211
1912	7,817,009	7,976,959	11,078,507	26,872,475

[①] 资料来源：《重庆海关1892—1901年十年调查报告》，见鲁子健：《清代四川财政史料》下册，四川省社会科学出版社，1988年，第529—530页；甘祠森：《最近四十五年来四川省进出口贸易统计》，第一表《最近四十五年来四川省进出口货值总数统计》，民生实业公司经济研究所，1936年；周勇：《近代重庆经济与社会发展（1876—1949）》，四川大学出版社，1987年，第503—504页。

续表

年份	洋货进口	土货进口	土货出口	贸易总值
1913	11,212,091	6,770,435	12,132,622	30,115,148
1914	12,528,572	11,253,628	13,859,188	37,641,388
1915	9,102,798	9,772,780	16,537,260	35,412,838
1916	6,413,807	8,756,060	17,803,414	32,973,251
1917	9,551,265	9,504,429	15,010,525	34,074,219
1918	4,884,992	10,387,219	14,872,629	30,144,840
1919	10,391,864	14,518,395	16,666,042	41,576,301
1920	8,867,671	14,006,941	12,554,797	35,429,409
1921	12,522,550	21,112,851	18,480,110	52,115,511
1922	10,497,187	28,646,668	21,035,954	60,179,809
1923	8,056,908	28,259,256	24,576,773	60,892,937
1924	12,783,999	25,818,182	26,973,221	65,575,402
1925	11,164,594	29,296,784	25,244,658	65,706,036
1926	11,878,010	32,465,003	29,414,085	73,757,098
1927	9,311,922	28,737,647	27,980,360	66,029,929
1928	13,596,143	30,350,364	28,290,078	72,236,585
1929	14,510,871	28,889,297	34,856,300	78,256,468
1930	12,352,879	37,105,385	37,094,278	86,552,542
1931	13,458,154	32,415,113	29,429,580	75,302,847
1932	3,157,722	27,546,180	19,380,773	50,084,675
1933	2,218,374	38,980,928	30,671,197	71,870,499
1934	2,373,160	27,378,814	27,058,490	56,810,464
1935	1,994,860	44,818,073	25,076,299	71,889,232
1936	2,369,327	51,294,139	37,533,542	91,197,008

从重庆开埠到1936年，重庆港进出口贸易总额，总体上持续增长。1908年开始超过3千万两，除1912年受辛亥革命的影响没有超过3千万两以外，1913—1918年平均在3千万两以上，1919年突破4千万两，1930年突破了7千万两。

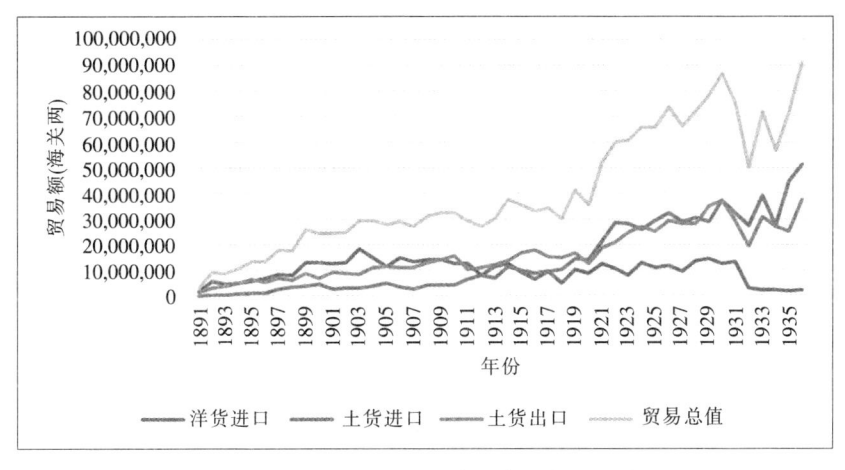

图 2-1-1 1891—1936 年重庆进出口货值折线图

重庆开埠后，入川洋货快速增长，在关税政策的保护和低廉价格的影响下，1891—1909 年期间，洋货进口值一直大于土货出口值，呈入超状态。1903 年，洋货进口达到最高峰值为 1807 万两，占到进口总额的 86.28%，随后出现疲软。1909 年土货出口值为 1417.7 万两，第一次超过洋货进口值。1914 年，洋货份额只占 52.68%，之后开始大幅度下降。洋货进口的不断下降，除了受国内政治形势变化以及第一次世界大战的影响外，最主要的原因是棉纱作为最主要的进口货物由开埠初期的依赖直接进口转变为二三十年代大量国产棉纱替代，体现出了长江中下游地区工业的增长。

1914 年之后，土货出口值开始持续高于洋货进口值，而且土货进口值也开始有较大提升，土货进出口贸易开始成为贸易总额的主要组成部分。这表示在洋货进口下降的时候，为适应已经建立起来的四川内地市场的需要，仍然需要大量货物进口，因此土货进口的增长代替了部分洋货。同时，长江中下游地区工业的快速发展的需求也促进了长江上游地区土货的出口。

二、贸易结构

1. 进口货物

1891—1919年间进口洋货主要包括棉货、杂货、绒货、五金及矿石四大类。棉货进口以棉纱为最多,占29.6%;杂货进口,包括煤油、钟表、玻璃器皿等手工业品以及西洋参、鱼油、海产品等药品、食品。

图2-1-2 1891—1919年重庆进口商品结构图

1891—1919年从外国进口的洋纱呈现出迅猛的增长趋势,1889年经重庆输入的洋纱仅有9727担,但在开埠的第二年1892年就增至128,844担,1900年又增至285,900担,成为洋货进口的主要部分,约占60%-70%。[①] 洋纱输入四川的过程,也就是排挤四川市场上湖北原棉的过程,"川省土棉向取于沿江各省,贩运至该地后,每斤零售价亦与洋棉纱相同,然洋棉纱不待再

---

①数据来源:1891年至1904年数据来自《中国旧海关史料》中重庆海关贸易统计报告,1905年至1919年数据来源于《最近四十五年来四川省进出口贸易统计》。

纺，即可织布，土棉则须纺而后织，人工既费，成本亦增"①，从而造成"往昔闭关之世，鄂棉盛销蜀中"，然"自洋纱侵入，楚棉输进日稀"。② 可见，在长江上游地区，洋纱正日益取代土纱，迅速侵蚀着自然经济基础。同时，洋纱大量涌入重庆，也为重庆机器棉纺织业的兴起准备了条件。

1920—1936年，重庆进口货物的结构又产生了一些新的变化。这一阶段洋纱的进口仍保持着较大规模数量，在1930年占73.95%的比重。③ 但由于种种原因，若干国货的销场都在摒斥外货输入的情况下增长了。日本和印度的纱线，从1921年输入53,885担运算，到1929年降为95担，在1930年跃为3,552担，但在1931年竟至完全绝迹。与中国素面布匹稳步上升的需求相反，外货都被较贫阶层乐于选用的本国印染布匹或本国印染的外国布匹代替了。④ 杂货类和绒货类进口货物的比例也有所下降，在1930年分别占17.49%和1.41%的比例。⑤ 由于重庆市政建设的需要，公路的建设和街道的展宽都助成汽油、轻汽油、摩托车和脚踏车贸易的扩张，摩托船只的增加引起了液体燃料和润滑油消费的增加，⑥ 使得机电类货物和煤油等油料货物的进口量在这一阶段激增，在1930年分别占4.70%和2.49%的比重。⑦ 这一时期进口货物的比例一平（棉纱）两升（机电、煤油）两降

---

① 彭泽益：《中国近代手工业史资料》第二卷，三联书店，1957年，第209页。
② 民国《合江县志》卷二，食货：物产。
③ 甘祠森：《最近四十五年来四川省进出口贸易统计》，民生实业公司经济研究室，1936年，第19页。
④ 周勇：《近代重庆经济与社会发展（1876—1949）》，四川大学出版社，1987年，第350页。
⑤ 甘祠森：《最近四十五年来四川省进出口贸易统计》，民生实业公司经济研究室，1936年，第19页。
⑥ 周勇：《近代重庆经济与社会发展（1876—1949）》，四川大学出版社，1987年，第351页。
⑦ 甘祠森：《最近四十五年来四川省进出口贸易统计》，民生实业公司经济研究室，1936年，第19页。

（杂货、绒货）反映了重庆近代工业的产生和缓慢发展，生产资料的进口占据了进口货物的主要地位，而生活资料则相应下降。

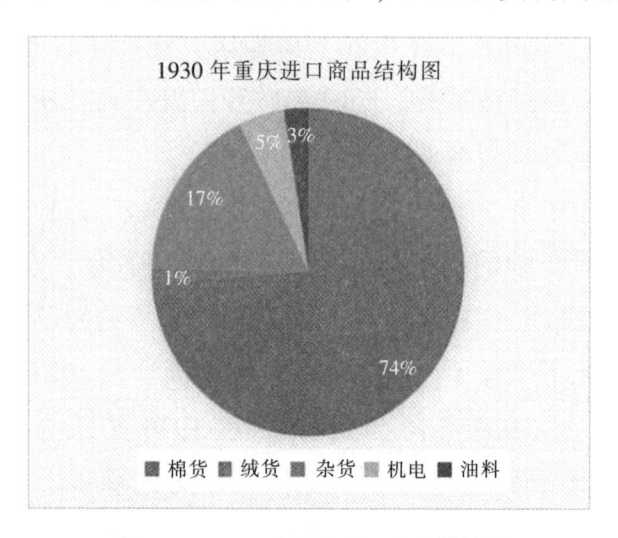

图2-1-3　1930年重庆进口商品结构图

2. 出口货物

1891—1919年间，这一段时间是重庆出口贸易的稳步发展期，出口货值年均为10,140,454两。出口贸易主要以鸦片、生丝、猪鬃、药材为大宗出口货物，这主要在于其符合外国市场的需求。其余出口较多的为麝香、白蜡、鸡鸭毛等土货。

由于近代四川是鸦片种植大省，鸦片出口贸易值从1891年67,112两增加到1906年的3,523,546两，增长了52倍，所占比重也从最初的4.83%增加到32.35%。[①] 1910年，清政府禁止鸦片贸易，重庆鸦片出口额便一下子从1910年的5,498,665两跌至1911年的461,924两，[②] 1912年鸦片便不再通过海关出口。

[①] 鲁子健：《清代四川财政史料》下册，四川省社会科学出版社，1988年，第529—530页。
[②] 张淑芬：《近代四川盆地对外贸易与工商业变迁（1873—1919）》，表2－8《1893—1911四川鸦片出口量》，台湾师范大学历史研究所1982年，第32页。

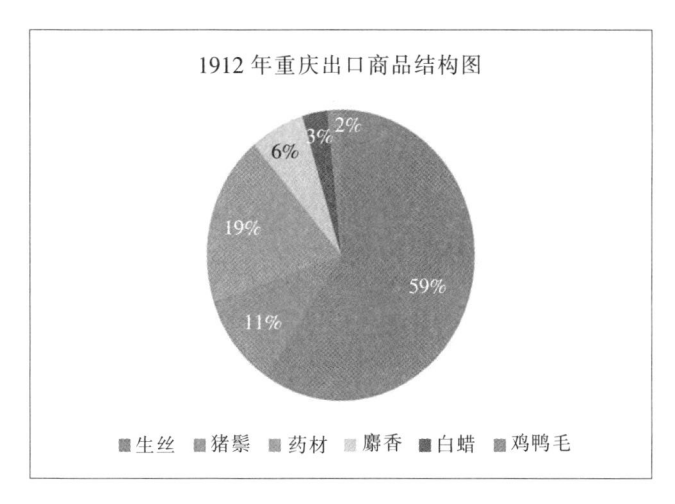

图 2-1-4　1912 年重庆出口商品结构图

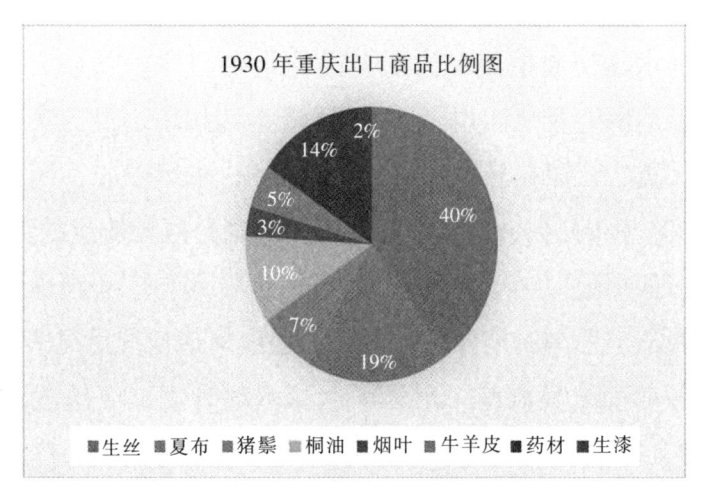

图 2-1-5　1930 年重庆出口商品结构图

到民国时期重庆的大宗出口货物的货值结构已经完全改变了它原来的面貌。出口货物结构上，传统生丝等大宗地位迅速下降，在1932年以前生丝一直占全川出口物资品种输出总值的第一位（鸦片除外），1932年以后逐渐退居第三位，到1936年则降至第五位。[①] 而桐油、烟叶、糖、漆、等出口日增，1923年开

---

① 周天豹：《抗日战争时期西南经济发展概述》，西南师范大学出版社，1988年，第283页。

始重庆桐油出口增长明显，从 1922 年的 1876 担、约 18,000 两，迅速上升到 1923 年的 2.3 万担、430,000 两，并持续走高，这表明重庆贸易与世界市场和国内外各大市场的联系越来越密切。①

第二节　重庆港与腹地的交通联系

一、水路运输

在近代开埠以前，重庆港长期以水运为主要运输方式，是西南地区的水陆交通枢纽和沟通全国的重要门户，以重庆港为核心的内河航运网遍及全四川。② 长江干流是四川境内最为集中和繁忙的航道，重庆无疑是近代长江上游最大的航运中心，而万县、泸县、宜宾、乐山、合川及金堂县赵家渡等则是区域航运的主要枢纽。重庆港以四川地区为主要腹地，通过水运将其与广大腹地紧密联系起来。晚清至民国时期四川地区民船通航河道情况可见表 2-2-1。

在轮船尚未发展前，川江水运以木船为主，至抗战前其种类达 21 种，据不完全统计，各类船只总数在上万只以上（见表 2-2-2），进出重庆港较大木船在抗战前总数达上万只以上。③ 重庆开埠后，进出重庆港的挂旗船和厘金船数量大增，但当时进出重庆港的船舶绝大多数是厘金船。④ 据不完全统计（因厘金船不在

---

① 甘祠森：《最近四十五年来四川省进出口贸易统计》，民生实业公司经济研究室，1936 年，第 19 页。
② 龙生：《重庆港史》，武汉出版社，1990 年，第 5 页。
③（日）东亚同文会编：《新修支那省别全志》第 1 卷《四川省上》，支那省别全志刊行会，1941 年。
④ 邓少琴：《近代川江航运简史》，重庆地方史资料组，1982 年，第 23 页。

海关纳税,故统计资料不全),1892年航行于川江的厘金船数量为12000艘次,而挂旗船仅为1879艘次;1894年厘金船为10200艘次,挂旗船为1997艘次;1904年厘金船为20436艘次,挂旗船为2690艘次;1905年厘金船为15597艘次,挂旗船为2513艘次;1906年厘金船为15166艘次,挂旗船为2650艘次。由此可见,中国民族航运业的厘金船要比外商雇用的挂旗船占有绝对优势。①

表2-2-1 重庆港主要水运交通概况②

河名	长江								
	主流	嘉陵江		渠江	岷江		沱江		黔江
		主流	涪江		主流	青衣江	主流	荣溪	主流
经过地区	蛮夷司、屏山、宜宾、南溪、江安、纳溪、泸县、合江、江津、巴县、江北、长寿、涪陵、忠县、丰都、万县、云阳、奉节、巫山	广元、昭化、苍溪、阆中、南部、周口、蓬安、南充、武胜、合川	中壩、彭明、绵阳、三台、射洪、太和镇、遂宁、潼南	宜汉、达县、三汇、广安	灌县、崇宁、新津、彭山、眉山、青神、乐山、竹根滩、五通桥、犍为	雅安、洪雅、夹江	赵家渡、简阳、资阳、资中、内江、椑木镇、富顺、赵化镇	自贡、邓关	龚滩、角鹿、彭沱、水	总计
航程距离	木船	1,700华里③	1,100华里	600华里	400华里	800华里	250华里	700华里	110华里	500华里	6,160华里
	轮船	1,500华里	500华里	250华里	——	700华里					2,950华里

---

① 《重庆商务之调查》,1908年版,第31册,第23页。
② 资料来源:吕平登:《四川农村经济》,商务印书馆,1936年,第55—57页;邓少琴:《四川省内河航运史志资料》(江河部分),四川交通厅地方交通史志编纂委员会1984年编印本。
③ 1华里 = 0.5公里

表 2-2-2　近代重庆港较大木船情况一览①

船名	载重量	船只数量（只）	航行河流区段
椿盐棒	1万－11万斤②	4000	长江叙渝万、岷江嘉叙、沱江
南河船	5万－11万斤	500	长江泸万、沱江
黄瓜船	1万－6万斤	400	长江泸万、沱江
五板	1万－6万斤	300	长江泸万、沱江
三板	1万－6万斤	600	沱江、綦江、长江泸万
半头	2万－4万斤	5000	岷江成叙、长江叙渝
舢船	0.2万－0.8万斤	——	四川各江河，数量最多
山麻秧	2万－12万斤	500	长江渝万
扒䉆	4万斤	400	大洪江、长江
老鸦秋	1万－11万斤	700	涪江合渝石炭、盐、粮食等运输
安岳船	3万－7万斤	200	涪江合渝石炭、盐、粮食等运输
米头船	1万－2万斤	300	涪江合渝石炭、药材等运输
千担船	1万－2万斤	100	涪江合渝石炭、杂粮等运输
敞口	7万－17万斤	300	渠江、长江渝万石炭、粮食运输
倒栽椿	4万－5万斤	200	渠江、长江渝万粮食运输
黄豆卖	3万－10万斤	500	渠江、长江渝万粮食、薪、盐、石炭运输
当归船	2万斤	300	嘉陵江碧口－重庆
毛板	2万－7万斤	400	嘉陵江
滚筒子	1万－2万斤	300	嘉陵江
舵笼子	3万－12万斤	500	嘉陵江、长江渝万
东划船	数千至1万斤	50	嘉陵江阆中－南充，亦时至重庆

随着重庆民族工商业的发展，一些民族工商界的有识之士纷纷在重庆兴办航运业，以抵制外轮。1907年重庆商会在官府的支

---

①资料来源：(日)东亚同文会编：《新修支那省别全志》第1卷《四川省上》，支那省别全志刊行会，1941年。

②1斤＝0.5千克

持下筹集股本,成立川江轮船公司。① 1909年,公司第一艘在上海机器局建造的客货轮"蜀通号"抵达重庆港,并开始在重庆和宜昌间营运,② 这是川江航运史上的一件大事,标志着四川航运开始进入汽轮时代。③ 之后,中资的川路、瑞庆、四川瑞丰、利济、华川、利川等轮船公司相继成立,累计投入10多艘轮船经营商运。④ 1926年开始重庆轮运业进入一个兴盛时期,是年民生轮船公司在合川成立,该年宜昌至重庆航段出入轮船吨位数总计达到40多万吨,是1919年的8倍多;1933年川江出入轮船总数有1500艘,1935年升至2000艘,1936年则有2100多艘,是十年前的2倍多。⑤ 据统计,至1936年重庆至宜昌航段中国轮船公司总货运量为8.67万吨,占此航段中外轮船公司货运总量的44.6%;而在1936年前各年此类占比均低于36%,1928—1931年各年占比更是仅有6%~7%左右,这表明中国轮船公司在川江航运的实力整体上在1930年以后逐渐增强。⑥

新式轮船的出现和多家轮船公司的成立,促进了长江上游内河航运业的新发展,至抗战前除加大了长江干流和主要支流宜昌—重庆—乐山、重庆—合川等线路的汽轮投入运营,提高客货运力,还新辟了宜宾—南溪、泸县—石桥、泸县—邓井关、合江—赤水、武胜—合川—云门镇、重庆—遂宁、重庆—磁器口、重庆

---

① 民国《巴县志》卷14,交通:轮船。
② 聂宝璋:《中国近代航运史资料》第2辑(1895-1927),下册,中国社会科学出版社,2002年,第923页。
③ 尽管在此之前1898年就始有利川号等外洋商轮抵达过重庆,但并未开始商业营运仍依靠挂旗船作货物运输。
④ 周勇:《重庆通史》第2卷《近代史》上,重庆出版社,2002年,第403页。
⑤ 参见(日)东亚同文会编:《新修支那省别全志》第1卷《四川省上》,支那省别全志刊行会,1941年,第594—595页;聂宝璋:《中国近代航运史资料》第2辑(1895-1927),下册,中国社会科学出版社,2002年,第1267—1268页。
⑥ 朱荫贵:《中国近代轮船航运业研究》,中国社会科学出版社,1939年,第21—22页。

—木洞、重庆—涪陵、重庆—松溉、重庆—白沙、重庆—江津、重庆—合衍、重庆—温泉场、涪陵—醴都、涪陵—万县等轮船客货航线。① 各地亦以轮船出行为便利，如长寿县"地濒大江，上达重庆，下迄涪陵，所辖河流虽只四五十里，而轮舟往来如织，至为扼要，能自订汽船及大小轮行驶，此第一交通利器也"。②

二、陆路运输

重庆港与腹地间联系主要以水运为主，但陆路运输也是其重要手段之一，对于远离河道或河流不具备航行条件时，陆路交通在联系港口与腹地间物流的过程中起到了重大作用。

近代重庆陆路对外交通依赖历史上长期发展形成的几个主要通道，多官商兼用，部分水陆兼程：

东大路（重庆通往成都）：巴县朝天驿—佛图铺—石桥铺—二郎铺—白市驿—凤山铺—走马铺—璧山县来凤驿—永川东皋驿—荣昌峰高驿—隆昌隆桥驿—内江安仁驿—资州珠江驿—资阳南津驿—简州阳安驿—成都龙泉驿—成都锦官驿③

北岸大道（重庆通往宜昌）：巴县朝天驿—分水驿—垫江县—梁山县—万县—云阳县—奉节县—东湖县小桥驿④

洋渠古道（重庆通往陕西）：巴县—合川—渠县—达县—万源—镇巴（陕西省镇巴县）⑤

---

①（日）东亚同文会编：《新修支那省别全志》第1卷《四川省上》，支那省别全志刊行会，1941年，第600页。
②民国《重修长寿县志》卷1，地理部第一：交通。
③参见嘉庆《四川通志》卷89，武备志：铺递；道光《重庆府志》卷6，武备志；民国《巴县志》卷14，交通；蓝勇：《四川古代交通路线史》，西南师范大学出版社，1989年。
④民国《巴县志》卷14，交通；蓝勇：《四川古代交通路线史》，西南师范大学出版社，1989年，第267—268页。
⑤蓝勇：《四川古代交通路线史》，西南师范大学出版社，1989年，第67-72页。

川黔大道（重庆通往贵阳）：巴县朝天驿—百节驿—綦江水马驿—扶欢驿—东溪驿—安隐驿—松坎驿—桐梓驿—播川驿—娄山关—遵义永安驿—湘川驿—乌江驿—贵阳养龙坑驿—底寨驿—扎佐驿—贵阳驿①

各通向除"大路"外，还存在着许多小路。

在汽车未投入运营前，重庆对外陆路交通以人力或畜力和各种非机动运输工具等传统方式来运输。重庆通往外界的公路开修是在20世纪20年代，但进展极为缓慢。1926年成渝公路开始动工修建，但每每因军阀内乱和经费等问题而停工，直至1933年才修通，至此成渝公路才告竣工通车，②"自渝至省二日而达（约十七小时），快车亦有一日者。上下车皆由公路局专管营业"。③以成渝公路为主干，一些地区筑有支线并由地方汽车公司经营运输业务，如巴县境内成渝公路小龙坎就有至龙隐镇的龙隐支路，"由七星岗至龙隐镇别设巴县段汽车公司，日有汽车往还"。④1935年，全长139公里的川黔公路建成通车，"自渝至贵阳，汽车约三日程"。⑤

近代四川地区的铁路修建是一件极为困难的事情。清末曾提出着手准备川汉铁路的修建，但仅在湖北宜昌段动工开建，清亡后"二十年来，当局未遑顾及建设"。⑥1928—1929年间建成的合川县戴家沟至江北县白庙子18公里长的北川铁路，是四川历

---

①蓝勇：《四川古代交通路线史》，西南师范大学出版社，1989年，第197-200页。
②中国公路交通史编审委员会编：《中国公路运输史》第1册，人民交通出版社，1994年，第100页。
③民国《巴县志》卷14，交通：道路。
④中国公路交通史编审委员会编：《中国公路运输史》第1册，人民交通出版社，1994年，第158页。
⑤民国《巴县志》卷14，交通：道路。
⑥张肖梅：《四川经济参考史料》，中国国民经济研究所，1939年，第1页。

史上第一条铁路，也是抗战前长江上游地区唯一一条铁路，用于煤炭运输。①

综上所述，重庆港与腹地的交通联系受自然和社会环境的影响极大。在重庆周围由于自然形成的长江、嘉陵江、岷江、沱江水网的发达通畅决定了重庆和这部分地区的联系以水运为主，而在川陕、川甘、川康藏、川滇、川黔交界地区，由于地形复杂、崇山峻岭、水运不便，决定了这部分地区的交通以陆运为主。与此同时，川内运输所依赖的水运也由于川江水运自然条件的制约，只能在长江重庆至宜宾段进行运输，嘉陵江重庆至合川段通行中小型轮船，其他水道始终依赖木船运输。此外，四川在20世纪20、30年代所遭受的军阀格局也是阻碍在整个腹地内进行交通设施的建设和新式交通工具运用的另一个主要原因。

第三节 重庆港与腹地的货物往来

对于近代重庆港腹地空间范围的研究，笔者将以20世纪30年代长渝计划线经济调查队的调查报告《重庆经济调查》为主要参考资料。本节将对其中所记载的重庆14类大宗出口货物的主要来源地和7类大宗进口货物的主要销售地整理如下，以确定其腹地空间范围。

---

①（日）东亚同文会编：《新修支那省别全志》第1卷《四川省上》，支那省别全志刊行会，1941年，第442页。

一、大宗出口货物

1. 煤

四川煤矿蕴藏极为富饶。重庆煤的出口量，年均为 13 万吨。重庆出口的煤分为烟煤和焦煤两种，烟煤主要用于轮船和工厂，焦煤主要为家用。烟煤的来源地为江北龙王洞、甲子洞、璧山夏溪口、合川炭坝，焦煤主要来源于江北黄桷树、南川綦江，各来源地运煤至重庆，俱用木船运输。

2. 药材

为数甚巨，在重庆出口贸易中，药材出口为数甚巨，占重要之位置。[①] 出口药材种类众多，来源地也较广。出口数量较多的药材，如川芎主要来源于四川灌县，当归来源于甘肃武都、文县、岷县、天水、四川松潘南平场、江油叶场，黄姜白姜来源于四川犍为县麻柳场，白芍来源于四川中江、渠县、铜梁，天雄来源于四川江油、彰明，大黄来源于甘肃武都、文县、四川南坪、灌县、雅安，半夏来源于云南会则、昭通、四川宜宾、渠县、岳池、合川，羌活来源于四川懋功、松潘、理番、茂县、平武、芦山、汉源、邛崃。各地药材经采摘、加工、包装后，均在当地集中，后由木船、轮船运至重庆出口。

3. 烟叶

四川各县皆产烟叶，然而大都为农业副产品，供农民自身销用。以种烟为主要业务而产量较大地区，为郫县、崇宁、什邡、绵竹、新都五县，以上五县烟叶最高年产量可达 2 千 4 百吨．各

---

① 平汉铁路管理局经济调查组编：《重庆经济调查》，长渝计划线经济调查特辑之一，大宗出口货品分述·药材，1937 年，第 1 页。

地所产烟叶经晒露、称量、包装后,再由独轮车或木船运至成都、乐山或赵家渡,再集中用木船运往重庆。①

4. 丝

重庆的四川生丝出口,在贸易上占极重要的位置,最高值曾达1899余万元,且常占出口各货第一位。② 集中于重庆出口之生丝,以来自三台(潼川)、绵阳、南充(顺庆)、阆中(保宁)各地为最多,以上各地所产之丝运至重庆,全用水运,皆用木船。重庆出口之川丝,全在上海销售,以销于美国者为最多。③

5. 米

重庆人口繁多,米之消费量为数甚巨,估计全年约30万石。且重庆下游各地如涪陵、万县、云阳、奉节、巫山等地,所产食米每年均不足,多向重庆采购补充,宜昌一带缺米时,亦常由重庆输出接济。因此集中重庆之食米常年均50至60万石,除供给重庆之消费量外,尚有巨量出口。④ 此项食米,除由本市附近地带供给3/10外,余7/10,全由长江上游及嘉陵江各地运入,其中以岷江、沱江沿岸各地、泸县上下游各地,及江津、綦江等地的大河流域来源最多,渠河之渠县、广安、岳池及保宁河之武胜、南充、西充、营山、南部、阆中等县来源量最为大宗,重庆市区附近及江津、巴县也有输入。⑤

6. 羊皮

本文所述之羊皮,即山羊皮,系指供制革者而言。川产羊皮

---

①《重庆经济调查》,长渝计划线经济调查特辑之一,大宗出口货品分述·烟叶,第2-9页。
②《重庆经济调查》,长渝计划线经济调查特辑之一,大宗出口货品分述·丝,第1页。
③《重庆经济调查》,长渝计划线经济调查特辑之一,大宗出口货品分述·丝,第2-5页。
④《重庆经济调查》,长渝计划线经济调查特辑之一,大宗出口货品分述·米,第1页。
⑤《重庆经济调查》,长渝计划线经济调查特辑之一,大宗出口货品分述·米,第2-4页。

按花色分类，包括黑、黄、白、花麻四种皮，①重庆出口羊皮来源于四川各地。川东地区，主要生产黑皮、白皮和花麻皮，产地为武胜、合川、铜梁、江北、大足、永川、荣昌、璧山、江津、重庆、綦江、长寿、渠县、南川；川南地区，主要生产黑皮和白皮，产地为威远、富顺、泸县、宜宾、南溪、合江、彭山、大邑、眉山、青神、乐山、犍为、雷波、马边、峨眉、夹江、洪雅、丹棱、邛崃、蒲江、芦山、名山、雅安、天全、荥经、汉源、越嶲、西昌、冕宁、盐源、盐边、会理、屏山、雷波、庆符、长宁、珙县、筠连、高县、宜宾、兴文、古宋、古蔺、泸县、纳溪、安江；川西地区，主要生产黑皮、白皮和花麻皮，产地为仁寿、井研、内江、崇庆、新津、崇宁、灌县、德阳、彭县、成都、汶川、双流、华阳、温江、金堂、新都、简州、郫县、新繁、什邡、广汉、绵竹、罗江、安县、绵阳、彰明、江油、北川、平武、懋功、资阳、资中、内江；川北地区，主要生产黑皮，产地为安岳、遂宁、乐至、射洪、蓬溪、南充、岳池、邻水、梓潼、中江、潼川、广安、大竹、营山、西充、蓬安、盐亭、南部、仪陇、潼南、阆中、剑阁、苍溪、巴中、通江、南江。川东、川南、川西所产羊皮皆由水路运输，川北由陆路运输。②

7. 猪鬃

猪鬃为猪背上生长之箭毛，质韧而富有弹力，且色泽光泽，在工业上之用途甚广，重庆猪鬃出口值常居出口山货中之重要地

---

①《重庆经济调查》，长渝计划线经济调查特辑之一，大宗出口货品分述·羊皮，第3页。
②《重庆经济调查》，长渝计划线经济调查特辑之一，大宗出口货品分述·羊皮，第12－15页。

位。① 鬃之种类，按猪毛颜色，通常分白鬃和黑鬃两种。重庆出口猪鬃，全部来源于四川，四川各地皆产黑白两种猪鬃。② 川东地区，产地为永川、荣昌、铜梁、大足、綦江、巴县、江北、万县、巫山、巫溪、奉节、云阳、开江、开县、城口、万源、宣汉、达县、垫江、梁山、忠县、丰都、石柱、彭水、黔江、酉阳、秀山、涪陵、长寿、南川、綦江、巴县、江津、璧山、永川、大足、铜梁、武胜、潼南、合川；川西地区，产地为绵阳、成都、华阳、简阳、仁寿、资阳、灌县、汶川、崇庆、新津、双流、温江、郫县、崇宁、江油、北川、平武、松潘、茂县、懋功、理番、资中、井研、内江、新都、新繁、金堂、广汉、德阳、什邡、彭县、绵竹、安县、罗江；川南地区，产地为威远、荣县、宜宾、泸县、合江、隆昌、犍为、富顺、南溪、峨边、叙永、古宋、古蔺、江安、纳溪、马边、雷波、屏山、筠连、高县、珙县、庆符、长宁、兴文；川北地区，产地为广安、大竹、渠县、安岳、乐至、广安、苍溪、剑阁、广元、昭化、通江、南江、巴中、中江、潼川、梓潼、射洪、蓬溪、邻水、仪陇、南部、西充、阆中、遂宁、顺庆、岳池、营山、蓬安、盐亭。川东、川西、川南所产猪鬃，皆由水路运输，川北由陆路运输。③

8. 鸭毛

重庆出口鸭毛，畅销于国内外市场，最旺时，可达3900公担，价值约35万元之巨。④ 集中于重庆出口的鸭毛，主要来源于成都北路、成都南路、大河、小河、中路、下东路五大产区，成

---

① 《重庆经济调查》，长渝计划线经济调查特辑之一，大宗出口货品分述·猪鬃，第1页。
② 《重庆经济调查》，长渝计划线经济调查特辑之一，大宗出口货品分述·猪鬃，第10页。
③ 《重庆经济调查》，长渝计划线经济调查特辑之一，大宗出口货品分述·猪鬃，第10–13页。
④ 《重庆经济调查》，长渝计划线经济调查特辑之一，大宗出口货品分述·鸭毛，第6页。

都北路路为绵竹、什邡、罗口、德阳、广汉、灌县、彭县、新繁、新都、郫县、金堂、大邑、温江、新津、邛崃,大河产区为江津、泸县、宜宾、乐山,小河产区为岳池、南充、遂宁、合川,中路产区为永川、荣昌、隆昌、资中,下东路产区为重庆、江北、丰都、涪陵、梁山、綦江、新宁。各产区所产鸭毛都由水路运至重庆。①

9. 桐油

四川产桐油之地域极广,以川东各县的产量最多。据估计全川年产桐油,可达60万担以上。其中由万县集中出口,年约30至40万担,由重庆集中出口,年约10万担。② 重庆桐油之来源地,长江方面有宜宾、合江、江津、木洞、江北、涪陵等地,嘉陵江方面有合川、遂宁、南充等地,皆可通过水运由轮船、木船运至重庆。重庆之桐油,以运销上海汉口者为最多,其运输方法,概用轮船散装。③

10. 盐

四川省盐场,共28处,每年普通产量,600余万担,合35万余吨。其中与长渝铁路有密切关系的富荣盐场东西两场所行销的引盐,其销区包括四川全省及贵州、云南、湖北、湖南、陕西的一部分地区。④

11. 糖

四川产糖之区甚广,不仅供全川消费,而且也运销于两湖各地。就全川而言,重庆为川糖的主要集散市场。川糖之种类,分

---

① 《重庆经济调查》,长渝计划线经济调查特辑之一,大宗出口货品分述·鸭毛,第4-6页。
② 《重庆经济调查》,长渝计划线经济调查特辑之一,大宗出口货品分述·桐油,第4页。
③ 《重庆经济调查》,长渝计划线经济调查特辑之一,大宗出口货品分述·桐油,第6-7页。
④ 《重庆经济调查》,长渝计划线经济调查特辑之一,大宗出口货品分述·盐,第1页。

为白糖、水糖、桔糖、冰糖四种。① 四川产糖最著名的区域，为内江、资中、资阳、简阳、富顺五县，其他区域如荣县、威远、怀州、开县等地也是产糖之区。内江、资中、简阳、富顺四县，均产白糖、桔糖及水糖，资中、内江兼产冰糖，资阳则全产水糖。② 白糖、水糖及桔糖都由资中运至重庆，全赖木船由沱江经内江、富顺转入长江运输。③ 重庆由资中运入之糖，除在本市销售外，大都运销于东部的涪陵、万县及两湖、宜沙各地。由重庆运至涪陵、万县由木船运输，至宜昌由轮船运输。④

12. 桔子

桔子的出口，历年以来，皆居重庆出口山货中重要位置，据估计可达2400吨左右。⑤ 重庆出口桔子主要来源于南路地区，包括贵州遵义、土城、松坎、酉阳、秀山、彭水、黔江等地，来源于贵州之货，集中至南川、綦江由水路运至重庆，其余集中至涪陵由水路运至重庆；此外，上下川南和遂宁一带有有一定的产量，皆由水路运至重庆。⑥

13. 生漆

生漆，为重庆主要出口货物之一，由重庆出口生漆价值，年均约72万余元。生漆论其种类，则分大木漆和小木漆两种，大木漆为野种，小木漆为家种。集中重庆之生漆，以小木漆为主，约占总量十分之八，大木漆则甚少，只占十分之二。⑦ 大木漆来源于滇东、黔西地区，由云南而来之漆，走陆路集中于宜宾，由

---

① 《重庆经济调查》，长渝计划线经济调查特辑之一，大宗出口货品分述·糖，第1-2页。
② 《重庆经济调查》，长渝计划线经济调查特辑之一，大宗出口货品分述·糖，第3页。
③ 《重庆经济调查》，长渝计划线经济调查特辑之一，大宗出口货品分述·糖，第7页。
④ 《重庆经济调查》，长渝计划线经济调查特辑之一，大宗出口货品分述·糖，第8页。
⑤ 《重庆经济调查》，长渝计划线经济调查特辑之一，大宗出口货品分述·桔子，第1页。
⑥ 《重庆经济调查》，长渝计划线经济调查特辑之一，大宗出口货品分述·桔子，第4-5页。
⑦ 《重庆经济调查》，长渝计划线经济调查特辑之一，大宗出口货品分述·生漆，第2-3页。

宜宾走水路至重庆；由贵州而来之漆，走陆路集中至綦江，由綦江走水路运至重庆；小木漆产地为涪陵、龚滩、酉阳、秀山、黔江等地，先集中至龚滩，由龚滩装木船运至涪陵，由涪陵装轮船运至重庆。①

14. 白蜡

重庆白蜡出口，其价值年均常数十万元，是四川出口山货中重要货品之一。四川产白蜡的区域，大河方面有乐山、峨眉、夹江、洪雅、宜宾等地，小河方面以南充之清镇坝为最著。乐山、峨眉、夹江、洪雅等地，产量最丰，约占全额70%，宜宾产量约占20%，清镇坝约占10%。运输皆以水运为主。②

二、大宗进口货物

1. 棉纱

棉纱进口，常常占据重庆进口贸易的第一位，最旺时全年约达37800吨。重庆棉纱的来源，以来自上海者为最多，约占60%，其次是汉口，约占40%。③重庆进口棉纱，原以四川全省，及陕、甘、滇、黔四省毗邻川省部分为销区。万县设关后，本省下川东各县所销棉纱，亦多改道。重庆进口棉纱销售地主要有小河路、大河路、中路、下东路和重庆五大地区，小河路由合川、广安、南充、保宁、遂宁、三台、中江、德阳、绵州以至成都，大河路由江津、合江、泸县、江安、宜宾、乐山以至成都，中路由永川、荣昌、隆昌、内江、资中、资阳以至成都，下东路由长寿、涪陵、丰都、綦江、南川以至贵州，重庆销区包括本市及附

---

①《重庆经济调查》，长渝计划线经济调查特辑之一，大宗出口货品分述·生漆，第3-5页。
②《重庆经济调查》，长渝计划线经济调查特辑之一，大宗出口货品分述·白蜡，第3页。
③《重庆经济调查》，长渝计划线经济调查特辑之一，大宗入口货品分述·棉纱，第1-2页。

近各地。均由重庆由木船或轮船运往各地销售。①

2. 疋头

疋头包括货物种类甚多，可分为：棉织、丝织、毛织、麻织、棉毛合织、棉麻合织等种。疋头占重庆进口贸易值之第二位，仅次于棉纱。②重庆进口疋头的销售地和交通与上述棉纱相同。

3. 生铁

重庆进口之生铁，除重庆本市内销外，其余皆散销四川内地各县。内地之销售地，可分为大河和小河两大路。大河路，包括长江沿岸各地，以至于成都，最大销场为泸县、宜宾、成都三地。小河路，包括嘉陵江沿岸各地，以合川、遂宁、南充、三台等为最。由大河路运销内地者，多系轮运。由小河路运销内地者，多为木船装运。③

4. 碱类

由于工业生产、交通建设的需要，四川碱类的销售量，年见增加。重庆进口碱类来源数量，十分之八来自上海，十分之四来自汉口。销售地主要有：夹江、绵竹、铜梁、永川、广安、乐山、重庆等地。由重庆至绵竹，先由重庆装木船至中江，再由中江雇挑夫或骡马走陆路至绵竹；由重庆至广安市场，由重庆沿嘉陵江、渠江，以达广安，用木船装运；由重庆至铜梁，先由重庆水运至合川，再改走陆路至铜梁；由重庆至乐山，用轮船装运；由重庆至夹江，先由重庆轮运至乐山，再由乐山改走陆路转运至

①《重庆经济调查》，长渝计划线经济调查特辑之一，大宗入口货品分述·棉纱，第10－12页。
②《重庆经济调查》，长渝计划线经济调查特辑之一，大宗入口货品分述·疋头，第1页。
③《重庆经济调查》，长渝计划线经济调查特辑之一，大宗入口货品分述·五金，第2－5页。

夹江；由重庆至成都，先由重庆轮运至乐山，再装木船运至成都。①

5. 瓷器

重庆进口行销四川之瓷器，有江西景德镇瓷、洋瓷、湘瓷及川产土瓷等数种。② 重庆进口之瓷器，以本地为最大销场，至由重庆散销内地，可分为大河路、小河路和中路三路。大河路为泸县、宜宾、乐山、成都等地，由木船运输；小河路为合川、南充、遂宁、三台、绵阳；中路为富顺、内江、资中、自贡，小河路、中路销区皆由木船运输。③

6. 纸烟

纸烟是重庆主要进口的货品之一。全川纸烟销售地，可划分为重庆、成都、万县三大区域。成都为转销川西各地之枢纽，以重庆为分发地，万县为分销川东各地之中心。重庆销区包括重庆本市及长江丰都以上岷江乐山以下及简阳河以东的区域，其销售以重庆、内江、自贡、资中、资阳、涪陵、泸县、宜宾、遂宁、南充为最；成都销区包括川北及简阳河以西、岷江乐山以上各地，其销售以成都、简阳、三台、乐山为最；万县销区包括川东丰都以下大竹、梁山、巫山一带。④

7. 洋靛

重庆进口洋靛，主要是发往川省内地，以人力运输为主。主要销售地为：重庆及附近、成都、遂宁、南充、乐山、宜宾、泸县、合川、广安、万县、绵阳等地。⑤

---

①《重庆经济调查》，长渝计划线经济调查特辑之一，大宗入口货品分述·洋碱，第3—6页。
②《重庆经济调查》，长渝计划线经济调查特辑之一，大宗入口货品分述·瓷器，第1页。
③《重庆经济调查》，长渝计划线经济调查特辑之一，大宗入口货品分述·瓷器，第4—5页。
④《重庆经济调查》，长渝计划线经济调查特辑之一，大宗入口货品分述·纸烟，第5—7页。
⑤《重庆经济调查》，长渝计划线经济调查特辑之一，大宗入口货品分述·洋靛，第4页。

第四节 重庆港腹地空间结构

一、腹地范围

根据上节分析的重庆14类大宗出口货物的来源地和7类大宗进口货物的销售地，可大致勾勒出重庆港的腹地范围。重庆港口的商业腹地范围极其广阔，除包括今天的四川省、重庆市绝大部分的市县范围外，四川盆地以外的川西、川西北地区，贵州北部的赤水河、綦江、乌江地区，云南东北部地区及甘肃南部地区都是重庆港的腹地范围。

重庆港经济腹地的县级政区范围为：重庆、江北、巴县、江津、綦江、南川、武隆、涪陵、丰都、长寿、垫江、邻水、合川、铜梁、璧山、大足、荣昌、永川、江津、潼南、遂宁、武胜、南充、岳池、广安、渠县、大竹、达县、梁山、忠县、万县、云阳、奉节、石柱、彭水、黔江、酉阳、秀山、巫山、巫溪、城口、开县、开江、宣汉、万源、通江、平昌、巴中、仪陇、营山、蓬安、南部、西充、阆中、苍溪、广元、剑阁、江油、梓潼、盐亭、三台、射洪、蓬溪、中江、德阳、绵阳、安县、绵竹、彭县、新都、广汉、金堂、成都、郫县、灌县、温江、双流、新津、彭山、蒲江、邛崃、大邑、芦山、名山、雅安、洪雅、夹江、眉山、青神、仁寿、简阳、资阳、资中、乐至、安岳、内江、隆昌、富顺、自贡、荣县、威远、井研、乐山、峨眉、沐川、犍为、宜宾、南溪、泸县、合江、纳溪、古蔺、叙永、兴文、江安、长宁、高县、珙县、筠连、南江、旺苍、青川、平武、南坪、松潘、北川、茂州、汶川、理县、懋功、宝兴、天全、荥经、汉源、石棉、甘洛、峨边、马边、屏山、雷波、越西、冕宁、西昌、盐源、德昌、盐边、会理。

二、腹地层次

将腹地范围与市场结构对等，重庆港口的腹地，即重庆市的腹地，大致可以分为三类：重庆附近嘉陵江流域等对重庆港依赖性最强的核心腹地，四川盆地内与重庆经济往来密切的过渡腹地，盆地周围与重庆有一定经济联系的边缘腹地。

重庆周边地区和属于嘉陵江水系的嘉陵江、渠江流域、涪江中下游是重庆的核心腹地，包括：重庆、江北、巴县、江津、綦江、南川、武隆、涪陵、丰都、长寿、垫江、邻水、合川、铜梁、璧山、大足、荣昌、永川、江津、潼南、遂宁、武胜、南充、岳池、广安、渠县、大竹、达县、梁山、忠县、万县、云阳、奉节、石柱、彭水、黔江。这些地区在20世纪30年代以前还未出现较大的工业城市和交通枢纽，大都还只能以重庆这个最大的工商业城市作为经济流通、商品交换的主要对象，因而成为重庆的主要粮食供应地、农副产品和原料产地，并通过重庆与外地市场发生联系和进行经济往来。同时，这些地区也是重庆城市的工业制成品和经重庆转口的外地产品和洋货的重要销售市场。重庆港口贸易出现较大的波动，往往迅速地在这些地区产生反响。这些区域与重庆港口及城市的经济关系可以说是非常紧密的。

沱江流域、岷江流域、成都平原是重庆港的过渡腹地，其涉及地区为：酉阳、秀山、巫山、巫溪、城口、开县、开江、宣汉、万源、通江、平昌、巴中、仪陇、营山、蓬安、南部、西充、阆中、苍溪、广元、剑阁、江油、梓潼、盐亭、三台、射洪、蓬溪、中江、德阳、绵阳、安县、绵竹、彭县、新都、广汉、金堂、成都、郫县、灌县、温江、双流、新津、彭山、蒲江、邛崃、大邑、芦山、名山、雅安、洪雅、夹江、眉山、青神、仁寿、简阳、资阳、资中、乐至、安岳、内江、隆昌、富顺、自贡、荣县、威远、井研、乐山、峨眉、沐川、犍为、宜宾、南溪、泸县、合江、纳溪、古蔺、叙永、兴文、江安、长宁、高县、珙县、筠连。由于成都是四川西部最大的手工业城市和消费城市，这些地区有相当一部分商品交换是在成都、成都平原之间进行的，只有外销商品或不能自给的商品才通过重庆出口或进口。与核心腹地相比，这些地区与重庆港口的关系非常密切，但只存在部分依赖关系。

　　四川盆地周边区域包括云贵高原、横断山地、甘南山地、秦巴山地的部分地区，即黔北、滇北、康藏、甘南、陕南等地区，包括：南江、旺苍、青川、平武、南坪、松潘、北川、茂州、汶川、理县、懋功、宝兴、天全、荥经、汉源、石棉、甘洛、峨边、马边、屏山、雷波、越西、冕宁、西昌、盐源、德昌、盐边、会理。这些地区是重庆港口的边缘腹地。这些区域对外较为封闭，区域经济较为落后，与重庆的关系比较松散，对重庆港口的依赖程度有限。

第三章 万县港与腹地经济关系分析

第一节 万县港进出口贸易情形

一、贸易数量

1917年，重庆海关万县分关设立，万县港成为继宜昌、重庆之后的长江上游第三大通商口岸。[①] 万县港是长江上游仅次于重庆的第二大港，与重庆相比，万县的经济范围固属甚小，然而与四川省各区其他各经济中心地相比，万县独具与重庆对立之性质。其他各经济中心地皆附属于重庆，其进出口货物的集散，莫不仰赖重庆为总枢纽。而万县之进出口货物，则是由万县直接与上海、汉口交易，不再经由重庆为之中转。[②]

万县为下川东各县贸易之总汇地，是一个相当富裕的腹地的货物集散中心并与大江之北的梁山、绥定、大竹、垫江、宣汉以

[①]（英）阿杜尔克著，李孝同译：《万县分关1917—1921年调查报告》，《万县文史资料选辑·第2辑》，1987年8月。
[②] 熊登洲：《万县港口志》，万县中心航管站史志编纂小组编，第1页。

及大江之南的施南、利川等城市久有贸易往来。在万县分关设立之前，万县地区的货物进出口，必须到重庆或宜昌报关，而万县分关设立后，进出口货物可就地报关营运。① 这样，临近省、县的桐油、牛羊皮、药材等出口物资纷纷集中到万县，从而促进万县港口货物进出口的发展。

开埠后万县的对外贸易迅速发展，无论是在洋货进口还是土货出口方面都有了改变。下面就根据1917—1936年间的海关报告资料来考察这一时期进出口贸易的情形。

表3-1-1　1917—1936年万县进出口货值统计表单位（海关两）②

年份	洋货进口	土货进口	土货出口	贸易总值
1917	376,706	112,614	1,297,629	1,786,949
1918	803,598	2,117,640	2,665,304	5,586,542
1919	667,812	2,322,788	3,119,513	6,110,113
1920	480,701	1,902,431	1,492,563	3,875,695
1921	511,956	4,005,259	3,166,561	7,683,776
1922	546,066	6,801,968	6,594,654	13,942,688
1923	479,937	3,710,631	7,975,829	12,166,397
1924	851,231	6,479,263	7,377,646	14,708,140
1925	2,317,081	8,203,119	7,499,299	18,019,499
1926	2,254,020	5,663,069	6,408,169	14,325,258
1927	1,342,912	5,184,123	5,256,035	11,783,070
1928	2,800,315	6,753,734	8,691,603	18,245,652
1929	2,687,548	8,946,771	9,474,666	21,108,985
1930	2,304,822	8,463,630	7,859,988	18,628,440

---

①汪鹤年：《万县港史》，武汉出版社，1990年，第40页。
②资料来源：（英）阿杜尔克著，李孝同译：《万县分关1917—1921年调查报告》，《万县文史资料选辑·第2辑》，1987年8月；润生：《万县贸易调查》，《四川经济月刊》第4卷第5期，1934年5月；茅家琦：《中国旧海关史料（1859—1948）》，《重庆海关报告》，京华出版社，2001年。

续表

年份	洋货进口	土货进口	土货出口	贸易总值
1931	2,481,847	7,638,568	6,945,969	17,066,384
1932	243,984	8,863,906	5,482,809	14,590,699
1933	110,150	9,630,495	12,234,407	21,975,053
1934	105,047	9,042,161	8,797,056	17,944,264
1935	60,551	9,194,879	11,594,837	20,850,267
1936	38,096	7,352,709	17,580,231	24,971,036

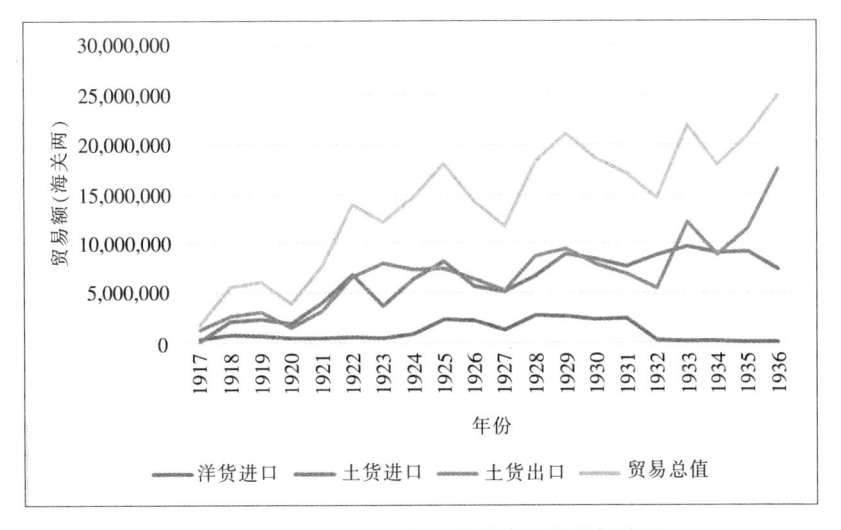

图 3-1-1　1917—1936 年万县进出口货值折线图

万县在 1916 年以前，贸易总额每年不过数十万两。1917 年万县开埠后，贸易总额增至 178.7 万两，1921 年便迅速上升到 768.3 万两，到 1929 年猛增到 2111 万两，创前所未有的最高纪录。① 后因世界经济一度出现危机，加上 1931 年的"九一八"事变的爆发，各地抵制日货风潮迭起，日货进口大为减少，英、美等国货物也抵制滞销。洋货进口价值由 1932 年以前的年均 248

---
① （英）阿杜尔克著，李孝同译：《万县分关 1917—1921 年调查报告》，《万县文史资料选辑·第 2 辑》，1987 年 8 月。

万两,锐减至24万两,1933年为10万两,1936年仅有3万两。贸易总额也明显下降,1932年只有1459万两,仅及1929年的66%。①

自万县开埠后,土货出口值一直高于洋货进口值。万县是我国最大的桐油集散市场,自开埠后,桐油的运销更加旺盛,此外,猪鬃、牛羊皮、药材、生漆等山货土产汇万运销也渐趋增多。洋货进口值自开埠后一直增长比较缓慢,并且在1931年后下降明显。② 1917年,万县的土货出口值为129.7万两,洋货进口值为37.6万两,仅占土货出口值的29%,1923年土货出口值高达797万两,洋货进口值为47.9万两,仅占土货出口值的6%。1933年,因日本进占绥宣,夺去北岸之重要销场,进口货物锐减,洋货进口仅为11万两,仅占同年土货出口值的0.9%。相反因欧美等国致力于经济复兴运动万县土货出口反倒有所增加,1933年土货出口值为1223万两,比1932年增长了675万两。③

蒋君章称"四川贸易集中于重庆和万县,就贸易额言重庆在万县之上,就出入口之比较言,万县系出超口岸而重庆则为入超口岸"。④ 万县的进出口货值,虽并非蒋所言这么绝对,但是与重庆相比,万县口岸的进出口要相对平衡一些,在1917、1919、1923、1924、1933、1935、1936等年份,确实表现为出超,尤其是1923年进口仅为419万两,出口则高达797.5万两。1931年进口总值为1012万两,出口货值为6945.9万两,为1917–1931

---

①润生:《万县贸易调查》,《四川经济月刊》第4卷,第5期,1934年5月。
②汪鹤年:《万县港史》,武汉出版社,1990年,第40页。
③润生:《万县贸易调查》,《四川经济月刊》第4卷,第5期,1934年5月。
④蒋君章:《西南经济地理》,商务印书馆,1946年,第356页。

年间最大差额，所以总体上进出口总值比较平衡。①

二、贸易结构

1. 进口货物

万县进口货物以棉纱、疋头、百货、纸烟等消费品和手工业品为主，煤油、颜料等外国商品次之。② 万县进口货物以棉纱之价值为最大，年均约值800余万元；棉织疋头，进口值年均约120万元；再次为纸烟，因匪乱而销售最旺时，年均约100万元；糖、烟叶，年均进口值各约50万元；煤油约为30万元。③

进口货物中占重要地位的棉纱都是附近各县用来织布的棉纱，织出的布匹都用本县自制的蓝靛染成蓝色，中国棉纱迅速取代了洋纱，很快取得了销场，④ 而中国出口货物的需求在日益增多，使得洋货进口数额一直较低。1922—1930年洋货进口所占地位已不重要，显有增加的仅有两宗：煤油和标准食糖。外国进口的棉纱和纸烟最为特殊，棉纱从1922年的66,803担减为1930年的63,253担。⑤ 1930年以后，因受国内抵制日货运动的影响，疋头、百货中大部分系日货，进口货物呈下降趋势。反之，纸烟一项的进口值却由1917年的4万两，骤增至60万两，⑥ 自1932年下川东南北两岸发生匪祸以来，剿匪军队增多，纸烟的销量也因

---

① 甘祠森：《最近四十五年来四川省进出口贸易统计》，民生实业公司经济研究室，1936年。
② 汪鹤年：《万县港史》，武汉出版社，1990年，第58页。
③ 平汉铁路管理局经济调查组编：《万县经济调查》，长渝计划线经济调查特辑之三，1937年，第89页。
④ （英）阿杜尔克著，李孝同译：《万县分关1917–1921年调查报告》，《万县文史资料选辑·第2辑》，1987年8月，第186页。
⑤ （英）阿杜尔克著，李孝同译：《万县分关1917—1921年调查报告》，《万县文史资料选辑·第2辑》，1987年8月，第200页。
⑥ 汪鹤年：《万县港史》，武汉出版社，1990年，第58页。

之激增。棉纱和百货这两项进口的减少，使得外国竞争品从市面上全面消失掉了。

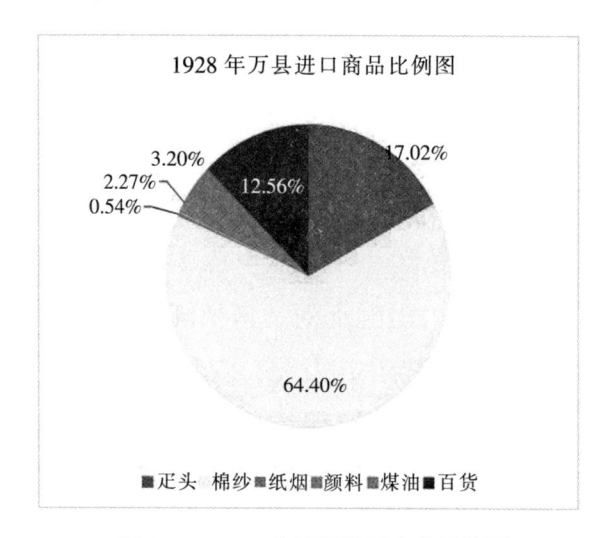

图 3-1-2 1928 年万县进口商品结构图

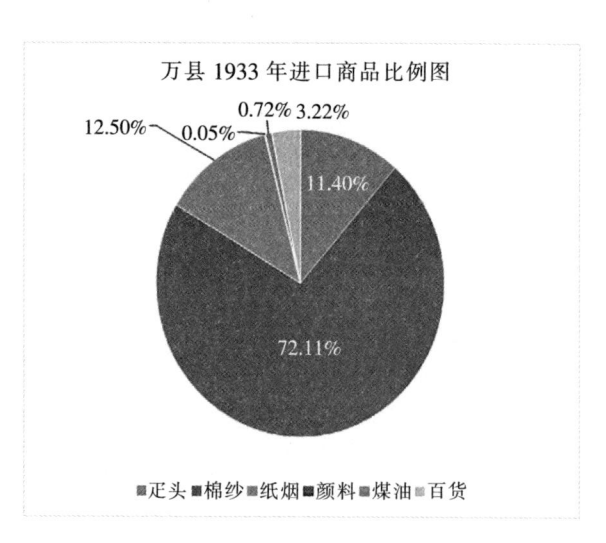

图 3-1-3 1933 年万县进口商品比例图

2. 出口货物

万县出口货物一向以桐油、山货、裱纸、猪鬃为大宗。桐油为最主要，每年出口数量均达 15 万公担，平均价值为 670 余万元；次之为山货，包括桴子、猪鬃、牛羊皮、生漆、青麻等，每年出口价值约200余万元；再次为黄表纸，每年出口价值约100万元，此项货品产于梁山一带；再次为药材，种类甚多，以黄连、巴豆、小茴、半夏数种，价值与数量较大。①

根据《四川省之桐油》记载："四川有四五十个县均产桐油。常年桐油产量约为6万万斤。其中万县地区的万县（未划分为万县市、万县两个行政区以前的统称）、云阳、开县、梁平、奉节、忠县、巫山七个县占43%，而万县又占万县地区七个县的34.6%，约占全川的15%。"②说明万县地区确实是我国最大的桐油产区之一。自万县辟为商埠后，中外油商陆续来万县收购桐油，此后万县的桐油业务便大大超过重庆。万县每年进口的桐油，除本区和涪陵区外，其他如川北的开江、大竹、宣汉、万源、达县与湖北的利川、来凤、恩施、施南等各产区直接运来万县销售。在1922年以后，运万桐油的区域，逐渐扩展至四川与陕西接壤的安康，这些地区的桐油，由旱路挑运至万源，再经达县或开县运至万县。湖北的兴山、房县、竹溪等县（原运老河口）也挑运至巫山、奉节，再装木船溯江而上。重庆以上的桐油运渝后直接装木船顺流而下至万县出售。这一时期，万县已然成为全国规模最大的桐油集散市场，有"清明油，满街流"的谚语。自1917年至1937年的二十年间，万县桐油输出量增长很快。见表3-1-2万县历年桐油出口量表。

---

①平汉铁路管理局经济调查组编：《万县经济调查》，长渝计划线经济调查特辑之三，1937年，第20页。
②张肖梅、赵循伯：《四川省之桐油》，商务印书馆，1937年，第33页。

表3-1-2　万县历年桐油出口数量表①

年	出口数量(市担)	年	出口数量(市担)
1917—1920	102,000	1932	342,158
1921—1925	300,000	1933	324,123
1926	430,000	1934	256,600
1927—1930	360,000	1935	377,105
1931	235,579	1936	394,270

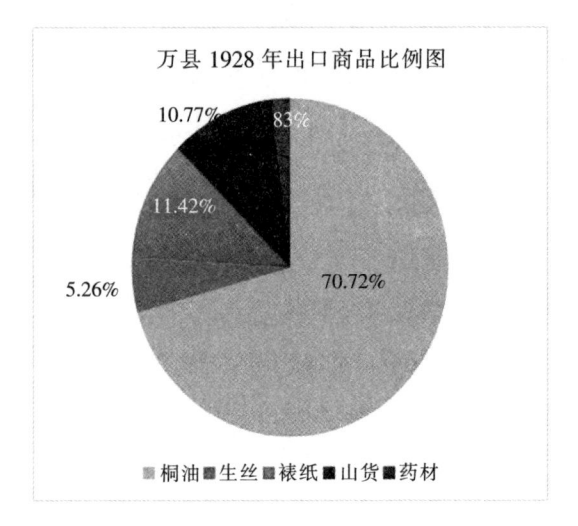

图3-1-4　1928年万县出口商品结构图

万县开埠初期1917—1921年各类大宗出口货物都在迅速增长，而在1922年以后，如山羊皮、裱纸、生丝都大为下降。裱纸的主要销区为东北各省，1931年因东北沦陷，多改由万县水运输往长江沿线各地，故销量日趋下降。生丝输出由1928年的43.4万两，骤减至1933年的7.5万两。不过，桐油、山货等大宗货物的出口，仍保持年年递增的良好势头，尤其是桐油，占据

---

① 参见政协四川省万县市委员会文史资料工作委员会：《万县桐油贸易史略》，1983年，第13页；熊登洲：《万县港口志》，1986年，第39页。

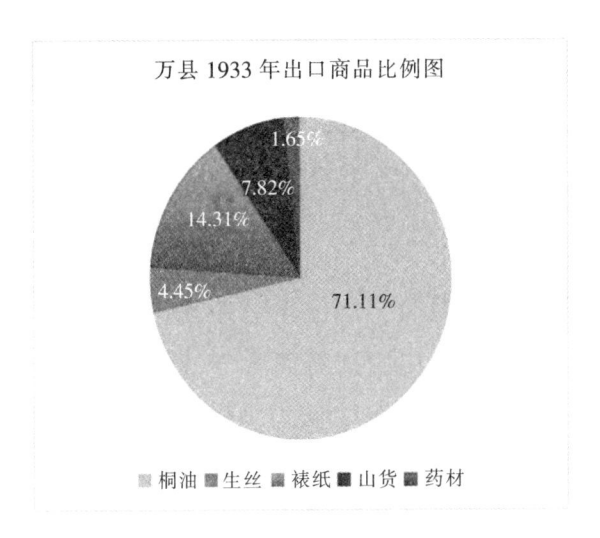

图 3-1-5　1933 年万县出口商品结构图

出口总额的大半。① 因此，万县商贸在进口、出口货种变化较大的情况下，贸易总额仍能有所增加。

第二节　万县港与腹地的交通联系

一、水路运输

万县位于重庆东部长江左岸，约当重庆与宜昌中间，与两埠距离各为 283 公里和 276 公里。从万县港沿长江上行可达宜宾，下行直通上海，并与海上交通连接。地方船舶以港口为中心，上行武陵、西界沱、石宝寨、忠县、丰都、涪陵、长寿、重庆；下行双江、磐石、云阳、安坪、奉节、巫山、巴东、秭归、香溪、

---

①润生：《万县贸易调查》，《四川经济月刊》第 4 卷第 5 期，1934 年 5 月。

宜昌。港口水域宽广，正航道无暗礁浅滩，一年四季皆可通航停泊。[①] 万县之进出口货物，则是由万县直接与上海、汉口交易，不再经由重庆为之中转。由渝至申均赖轮船运输，故渝万、万宜、万汉、万申各线，极为便利，惟涪万、万云开两线，则全赖木船运输。

万县正式辟为商埠后，川江轮运业来万县经营增多，商贸也更为发达。万县的桐油出口市场要大于重庆，涪陵的桐油，多数运销于万县，因此涪陵也在万县的经济范围中。丰都、忠县、石柱距离万县较近，并且为顺流，其隶属于万县的经济范围，乃是自然之趋势。云阳、奉节、巫山、巫溪，都是位于万县的下游，除云阳距离万县较近外，奉节、巫山、巫溪距离万县都较远，然而由于万县设有海关的缘故，轮船上下必须在此停泊，进出口货物上下在此也较为便利，因此这几个县出口货物也多集中于万县，进口货物也多数供给万县。梁山、开县、垫江、达县等地，除开县有小河可通云阳，达县经渠河可通重庆外其余皆不通水路，以上各县的进出口货物，也全依赖万县为输出输入之孔道。利川、建始、宣恩、鹤峰、咸丰、来凤、恩施、五峰等县，由于都为川盐销售地，运销于这几个县的川盐，都是先由长江水路运输集中于万县再由水陆路散销于各个县。而以上各县的山货等出口货物，也多运来万县出口，而万县之进口货物也多数附带运销于以上各县。[②]

随着万县逐渐成为下川东的经济中心，其水路交通运输也更为繁荣，见表3-2-1。

---

①万县中心航管站史志编纂小组：《万县港口志》，1986年，第1页。
②平汉铁路管理局经济调查组编：《万县经济调查》，长渝计划线经济调查特辑之三，1935年，第9页。

表 3-2-1　万县主要水路交通及往来大宗货物①

路线	下水货	上水货
渝万线	米、盐为大宗，其他有烟叶、糖、重庆土布、土磁等	较稀
涪万线	桐油为最大宗，其次有鸦片、榨菜等	甚少
万宜线	黄表纸、糖、米	甚少
万汉线	黄表纸、桐油	棉纱、煤油
万申线	山货、药材、桐油、黄表纸	棉纱、煤油、纸烟、疋头
万云开线	疋头、米粮、煤油、药材、糖	山货、桐油、食盐

光绪年间，万县"水陆交会，帆樯枥比，百货鳞集"，② 可见近代万县港口运输有了很大的发展，而且日益增多的进、出口物资，全由木帆船承运。1917 年万县开关后，川江轮船逐渐增多。但是由于三峡航道艰险，枯水季节没有助航设施，轮船不能航行，只有木帆船进出万县港口，所以在很长一段时间内，万县港口维持着轮、木并运的局面。此后，随着轮船技术的进步，川江航线上实现了轮船的全年通航。原本由木船承运的棉花、桐油、黄表纸、食盐等大宗物资，逐步变为轮运，1924 年万县知事会同万县城防司令致函海关："今后水运不加限制，是装轮船，还是装木船，听凭货主自便。"③ 从此，轮船运输在万县港口逐渐占据了主要地位。海关统计资料表明：1917 年，万县进出港轮船 290 艘次，总计运货 71808 吨；而 1921 年进出万县港的轮船已达 605 艘次，总计运货 207772 吨。④ 但枯水季节木船仍是主要的运输工

---

①资料来源：平汉铁路管理局经济调查组编：《万县经济调查》，长渝计划线经济调查特辑之三，1935 年，第 9—14 页。
②光绪《万县乡土志》，刘贞安序。
③《万县海关本月大事记》，万县地区档案馆档案，956 全宗第 1 目第 277 卷。
④万县地区档案馆档案，956 全宗第 1 目第 24 卷。

具。参见表3-2-2。

表3-2-2　1922—1931年进出万县港船只统计①

年份	江照轮船 只数	江照轮船 吨数	木帆船 只数	木帆船 吨数	合计 只数	合计 吨数
1922	1087	467186	629	21396	1716	488582
1923	1014	428442	322	15223	1336	443665
1924	1552	656466	339	16182	1891	672648
1925	2226	842056	140	7313	2366	849369
1926	1874	702556	32	1614	1906	704170
1927	1434	481072	96	6005	1530	487077
1928	1802	604962	3	234	1805	605196
1929	2018	744520	——	——	2118	744520
1930	1938	742512	——	——	1938	742512
1931	2078	779268	——	——	2078	779268

万县开埠后，先后来万经营的有数家轮船公司。1919年，经行万县埠轮船有英轮11艘、日轮5艘、法轮2艘、意轮1艘、中国籍招商1艘、三北1艘。②1917年，县绅集资创办岷江公司，在上海造船2艘，名"鸿福"（载重163吨）"鸿江"（载重159吨），航行宜万渝间，1919年首航成功。③1923年后，随着川江实现常年通航，行驶于宜渝航线上的轮船日渐增多。1928年来万经营客货运输的华商轮船为543艘次，而英、法、美、日、德等外商轮船则达1262艘次。④1926年，卢作孚创办了民生实业股份有限公司，开始成为外国航业竞争的主要对手，1933年全年收入

---

①资料来源：长航档案·船舶类，第152卷。
②（英）阿杜尔克著，李孝同译：《万县分关1917—1921年调查报告》，《万县文史资料选辑·第2辑》，1987年8月，第186页。
③邓少琴：《近代川江航运简史》，重庆地方史资料组，1982年，第97—99页。
④《交通部年报》，1928年，第242页。

30余万元。① 随着民族轮运业的兴起，中外轮船来万泊港运输的比例发生了较大变化，1936年在万营运的外商轮船为21艘，华商轮船则发展到22艘，占营运商轮总数的51%，从而打破了帝国主义垄断万县港航运的局面。② 据1936年调查统计，各公司船舶、载重，最大的是民生公司，其次是美孚洋行，再次是太古，其余轮船公司不足500吨，③ 可参见表3-2-3。

表3-2-3　万县港中外航业船舶容量情形④

国别	公司	船舶数	容量（吨）	占总吨位%
中国	民生公司	13	2567	39.8
美国	美孚洋行	3	1304	20.2
英国	太古洋行	5	876	13.6
日本	日清公司	4	450	7.0
中国	永兴公司	1	350	5.4
英中	怡和洋行	2	420	3.6
中国	三北公司	2	235	3.6
中国	义华洋行	1	150	2.3
中国	聚福公司	1	105	1.6
合计	9	32	6457	100

二、陆路运输

近代万县陆路对外交通依赖于历史上长期发展形成的几个主要通道，多数水陆兼程，运输方式主要以人背肩挑为主。

清光绪《万县乡土志》载："县境主要通县大道，命名东、

---

①民生公司档案，业字类第256卷。
②民生公司档案，民业类第630卷。
③重庆市文史资料研究委员会：《重庆市文史资料选辑》第17辑，1983年，第205—230页。
④资料来源：中国人民政治协商会议四川省重庆市委员会文史资料研究委员会：《重庆市文史资料选辑》第17辑，1983年，第205—230页。

南、西、北、中五条大路"①：

东大路：县城—红沙铺—里牌溪—界牌铺（大周）—小溪铺—洗里铺（余家咀）—云阳县境

西大路：县城—西溪铺—高梁铺—佛寺铺—三正铺—分水铺—梁平

南大路：县城—沱口—五桥—长岭岗—老土地—长滩井—马坝塘—祝家沟—赶场坝—万利桥—湖北利川

北大路：县城—草街子—天生城—塘坊—狮子山—麻塘铺—徐家梁子—大垭口—卡门街—窝坑—开县

中大路：县城—驷马桥—明镜滩—大涪滩—黄岭咀—杨河溪—渡桥子—瀼渡—麻柳沱—武陵—石鼓峡—忠县

其他大道②：

万县至开江大路：万梁路岔路口之断石桥—韩家坪—夹马石——把伞—桥亭子—三岔河—海螺坝—鹰咀岩—余家场—幺店子—横石梁—三角寨—葛马梁—薛家垭口—开江

大溪至鄂西大路：大溪—瀼渡—柱山—分水—赶场—鄂西

石槽溪至临溪大路：石槽溪—大树岭—朱家槽—楠木垭—石柱县临溪场—石柱县西沱镇

民国时期，万县唯一的公路是万梁马路县城至分水段，计31.9公里，于1927年10月开工，1930年元月完成通车。③

万县港与腹地交通联系最突出的特点是其商业贸易的发达促进了其水路交通运输的繁荣。万县位于宜渝航线之间，其桐油市

---

①光绪《万县乡土志》，卷七，地理录。
②参见万县市编纂委员会：《万县志》，四川辞书出版社，1995年，第240—241页；平汉铁路经济调查组编：《万县经济调查》，长渝计划线经济调查特辑之三，1935年，第9—14页。
③四川省交通厅公路局：《四川省公路志》，四川人民出版社，1995年，第22页。

场更是大于重庆,以上以下各县的进出口货物,也全依赖万县为输出输入之孔道,商业贸易的发达决定了万县水运的繁荣,便利的水运也使得万县很快成为下川东地区的经济中心。然而,同样是由于万县港及其腹地之间水运的便利,阻碍了其陆路交通的发达,汽车火车等现代运输工具迟迟未能在这一地区得到推广。

第三节 万县港与腹地的货物往来

对于近代万县港腹地空间范围的研究,笔者将以30年代长渝铁路经济调查队的调查报告《万县经济调查》为主要参考资料。本节将对其中所记载的万县12类大宗出口货物的主要来源地和8类大宗进口货物的主要销售地整理如下,以确定其腹地空间范围。

一、大宗出口货物

1. 桐油

桐油出口在我国对外贸易中占据重要地位。四川桐油,产量之丰,品质之佳,在全国各省中,首屈一指,而万县为四川桐油最大集中市场,全川出口桐油,集中重庆者占30%,而集中万县者达70%,由此可知万县桐油贸易之重要。万县历年来桐油出口,约自20万担至30万担上下,合1万2千吨至1万8千吨。[①]其出口桐油,以美国为最大销售地,其次为欧洲,其余则行销国

[①]平汉铁路经济调查组编:《万县经济调查》,长渝计划线经济调查特辑之三,第21页。

内各地，皆装轮船运往汉口，或上海，改装海轮运往国外。[①] 万县桐油主要来源于长江流域，包括云阳、巫山、开县、开江、万县、奉节、石柱、丰都、宣汉（东乡）、垫江、达县（绥定）、渠县、万源（太平）、忠州、长寿、涪陵、重庆、江津、合江、泸县（泸县）、叙永（永宁）江安、兴文、珙县、长宁、高县、乐山、庆符、叙州、屏山；嘉陵江流域，包括合川、西充、广安、南部、阆中、遂宁、彰明、蓬溪、江油；乌江流域，包括綦江、南川、彭水、酉阳、秀山、黔江；岷江和沱江流域，包括资中、井研、嘉定、荣县，其中以长江流域为要产地。[②] 万县进口桐油，由两开、垫、绥、宣、城、万等地来者，皆由陆路运输，以旱挑为主，陆路运入者，集中在陆家街。开县有小河通长江，涨水时，桐油多由船运至万县。其余各地，则皆由水道木船运输。[③]

2. 黄表纸

黄表纸在万县出口数量年约4、5万公担，价值约100余万元，占万县出口贸易的第二位。[④] 万县出口黄表纸销于湖北、河南、陕西、山西等地，在"九一八"事件以前，且有大宗销于东三省，后东北销路断绝。万县黄表纸来源地为梁山、大竹、达县等，以梁山来源数量最广，占来源总额的60%；达县次之，仅占30%；大竹仅占10%。各地来源运输方法，以挑运为主，渝万公路只能通至分水，在该路通车地段，亦有由汽车载运来万者。[⑤]

[①] 平汉铁路经济调查组编：《万县经济调查》，长渝计划线经济调查特辑之三，第31页。
[②] 平汉铁路经济调查组编：《万县经济调查》，长渝计划线经济调查特辑之三，第24—25页。
[③] 平汉铁路经济调查组编：《万县经济调查》，长渝计划线经济调查特辑之三，第29页。
[④] 平汉铁路经济调查组编：《万县经济调查》，长渝计划线经济调查特辑之三，第73页。
[⑤] 平汉铁路经济调查组编：《万县经济调查》，长渝计划线经济调查特辑之三，第75页。

3. 山货

万县主要出口贸易,除桐油裱纸外,其次为山货。山货一项,包括货品甚多,就万县出口数量而言,最重要者为棓子、猪鬃、羊皮、牛皮、生漆、青麻等,来源地分述如下。万县棓子来源地,南岸有施南、利川、咸丰、来凤、黔江、酉阳、石柱,先由旱路运输至大溪口(万县上游60里),再由驳船运至万县,北岸有绥定、大竹、开县,皆旱路运至万县,其他产地为忠州、丰都、涪陵,皆由水道运输;猪鬃来源地云阳、奉节、巫山、忠州、丰都,由水道运输,梁山、太平、巫山、施南、利川,取旱路运输;羊皮来源于绥定、宣汉、开县、营山、梁山、云阳,除云阳由水路运输外,其余皆为旱路;牛皮来源地,南岸有施南、利川、来凤、咸丰、黔江、酉阳,全由旱路运输,其余为云阳、奉节、巫山、忠州、丰都,由水道运输;生漆来源于太平、城口、施南、利川,皆由水道运输;青麻来源于丰都羊肚溪,由水道运至万县。①

4. 药材

药材原为四川大宗出口贸易之一,因产地集于川西、川南、川北一带,皆以重庆为其输出枢纽,由万县出口者为数甚少,其每年平均进出口贸易价值,约在20万至30万元之间。② 万县药材贸易,以出口之巴豆、小茴、黄连、半夏等数量较多。万县出口巴豆来源地,有万县本境、忠州巫阳溪、丰都羊肚溪三处,皆由水路运输;万县出口小茴唯一来源地为云阳牯林沱,由水路木船运至万县;黄连来源地,南岸为石柱之鱼泉口及双合场,须经

---

①平汉铁路经济调查组编:《万县经济调查》,长渝计划线经济调查特辑之三,第52—53页。
②平汉铁路经济调查组编:《万县经济调查》,长渝计划线经济调查特辑之三,第81页。

水陆两段运输，北岸为城口、大宁；半夏以忠州拔山铺为唯一来源地，也为水陆两段运输。①

二、大宗进口货物

1. 棉纱

万县棉纱销量，平均每年达3万包，价值自5百余万元至1千余万元，占万县进口贸易之第一位。进口来源地为上海和汉口两地，皆由轮船装运。② 万县进口棉纱，除本县消纳外，其余皆散销本县临近各地。其棉纱之销场，可分水陆两路，水路销场，上达丰都、忠县，下至云阳、奉节、巫山等。陆路销场最广，包括达县、宣汉、梁山、垫江、大竹、开江、开县等地，及湖北之利川、施南各地。③

2. 米

万县为下川东货物进出口的枢纽，商业发达、人口稠密，米粮的消费量甚巨，然而以本地山多田少，出产不丰，加之忠州、云阳、奉节、大宁、秭归、巴东各地，皆山多土瘠，粮食不足，多向万县购米接济，故万县历年进口米数量甚巨，进口米谷多来自重庆、合川等地由木船运输进口。万县进口米谷数量，年均约6万吨左右。万县之米，除供本地消费外，以转销云阳、奉节、巫山、大宁、巴东、秭归等地为大宗，皆为木船运输。④

3. 盐

万县进口食盐来自自贡，皆由产区运集重庆，再由重庆转运

---

① 平汉铁路经济调查组编：《万县经济调查》，长渝计划线经济调查特辑之三，第81—87页。
② 平汉铁路经济调查组编：《万县经济调查》，长渝计划线经济调查特辑之三，第91—92页。
③ 平汉铁路经济调查组编：《万县经济调查》，长渝计划线经济调查特辑之三，第93页。
④ 平汉铁路经济调查组编：《万县经济调查》，长渝计划线经济调查特辑之三，第99—101页。

至万县，全用木船运输。自1920—1926年，每年输入约14万4千担，合8640吨。万县进口之食盐行销区域甚广，南岸包括恩施（施南）、宣恩、利川、建始、鹤峰、长乐、来凤、咸丰，先用木船由万县运至大溪口或安平，再由旱挑运至各地；北岸销区包括巫山、云阳、万县、梁山、绥定、宣汉，除云阳、巫山由水运外，其余皆为旱挑。①

4. 疋头

疋头，泛指丝纺织品。万县进口之疋头，平均每年价值近百万元，其在贸易上之地位，极为重要。疋头进口数量，以上海运入者为大多，最旺时每年曾达2千余吨。万县进口疋头，以达县、梁山、开江、开县、忠县、云阳、奉节等地为最大，万县行销梁山、达县、开江之疋头，皆由旱路挑运。②

5. 纸烟

万县纸烟，以上海为主要来源地。万县扼川东之咽喉，长江自丰都至巫山，以及该地段南北两岸各地纸烟之消耗，全仰给于万县。自1932年来，因下川东南北两岸匪乱不断，剿匪军队增加，使得纸烟销量大增。万县平均每月可销纸烟600箱，约合80吨，本市及附近销量约占20%，其余则散销于南北两岸各地，包括梁山、开江、垫江、达县、宣汉、广安、云阳、奉节、忠县、丰都、城口、万源、渠县、大竹、施南、利川。纸烟运销，或由旱道人力挑运，或由水道，视其便利为转移。③

---

①平汉铁路经济调查组编：《万县经济调查》，长渝计划线经济调查特辑之三，第103—105页。

②平汉铁路经济调查组编：《万县经济调查》，长渝计划线经济调查特辑之三，第107—109页。

③平汉铁路经济调查组编：《万县经济调查》，长渝计划线经济调查特辑之三，第115—116页。

6. 糖

万县糖之市场，在1932年以前，完全为进口洋糖所垄断，自1932年进口关税增加以后，洋糖输入数量乃剧减，川糖遂崛起而代之，洋糖几告绝迹，其由万县散销下东各地之糖，皆为四川本省所产者矣。川糖盛销时期，各种糖进口数量，曾达8万3千多担。① 万县进口川糖来源地不外资中、内江等地。② 万县进口川糖，除本地消纳一部分外，其余皆散销下川东各地，包括奉节、巫山、大宁、云阳、开县、梁山、达县、绥定等，运输视其销售之地点而别，至绥定，系由旱挑运输，至奉节、云阳，皆由木船运输。③

7. 烟叶

万县为四川烟叶主要销售地之一，由于川人喜吸旧式旱烟，每年烟叶消费量最大，万县为下川东各地货物进出之咽喉，故每年烟叶进口数量颇巨。万县进口烟叶，几乎全由重庆运来，由产地直接运入者，为数极少。万县烟叶的销售，以万县本地数量最大，约占总额1/3；其次为云阳、开县；其余则销于奉节、巫山、大宁、巴东、施南、利川等地。万县行销云阳、奉节、开县等地之烟叶，皆装木船。开县有陆路捷径可达，惟该地通万县以下之小江，可通槽船。④

8. 煤油

万县进口之煤油，多由宜昌装轮船转运。万县进口之煤油，

---

① 平汉铁路经济调查组编：《万县经济调查》，长渝计划线经济调查特辑之三，第121页。
② 平汉铁路经济调查组编：《万县经济调查》，长渝计划线经济调查特辑之三，第123页。
③ 平汉铁路经济调查组编：《万县经济调查》，长渝计划线经济调查特辑之三，第124—125页。
④ 平汉铁路经济调查组编：《万县经济调查》，长渝计划线经济调查特辑之三，第133—135页。

转销云阳、奉节、梁山、大竹、开县、开江、巫山、大宁、绥定等地。丰都、涪陵两地，系由重庆转销。施南、利川由奉节转销。万县煤油之销售地，以梁山、云阳为最大，其余各地不详。煤油运销，或取水道或由旱挑，要视何者便利为转移。①

第四节 万县港腹地空间结构

一、腹地范围

根据上节分析的万县四类大宗出口货物的来源地和八类大宗进口货物的销售地可大致勾勒出万县港的腹地范围。万县港腹地的空间范围以长江三峡地区以及嘉陵江—渠江、乌江、沱江流域为主，包括了陕西南部、湖北中部、四川西部、贵州北部的广大区域。万县港经济腹地所涉及的县级政区为：万县、云阳、开县、开江、达县、梁山、忠县、垫江、石柱、丰都、涪陵、秭归、巫山、巫溪、奉节、建始、巴东、恩施、利川、宣恩、咸丰、来凤、酉阳、黔江、彭水、武隆、南川、綦江、重庆、长寿、邻水、大竹、广安、渠县、营山、阆中、南部、西充、蓬安、南充、岳池、广安、武胜、合川、潼南、铜梁、大足、璧山、永川、合江、江津、泸县、富顺、自贡、隆昌、荣昌、内江、资中、江安、长宁、安岳、遂宁、蓬溪、盐亭、梓潼、江油、广元、苍溪、巴中、平昌、通江、万源、城口、长阳、五

---

①平汉铁路经济调查组编：《万县经济调查》，长渝计划线经济调查特辑之三，第141—144页。

峰、鹤峰、秀山。

二、腹地层次

从《万县经济调查》的记录看，万县港的腹地大致可以分为三类，即万县附近东南长江流域等对万县港依赖性最强的核心腹地，三峡东部地区以及三江流域（嘉陵江、乌江、沱江）与万县经济往来密切的过渡腹地，四川盆地边缘地区是与万县有一定经济联系的边缘腹地。

以万县为中心的东南长江流域一带的川东经济区是万县港的核心腹地，其范围包括：万县、云阳、开县、开江、达县、梁山、忠县、垫江、石柱、丰都、涪陵。清朝时期，由于外贸的发展，万县成为桐油等大宗商品的重要集散地，奉节、云阳、石柱、涪州、丰都由水路运抵，而开县、达县、垫江、梁山等从陆路运输。同时，这些地区也成为万县的主要粮食供应地、农副产品和原料产地，并通过万县与外地市场发生联系并进行经济交往。这些地区与万县港口的经济关系非常密切，属于万县港口的核心腹地。

嘉陵江—渠江流域、乌江流域、沱江流域以及三峡东部地区是万县港的过渡腹地，其范围包括：秭归、巫山、巫溪、奉节、建始、巴东、恩施、利川、宣恩、咸丰、来凤、酉阳、黔江、彭水、武隆、南川、綦江、重庆、长寿、邻水、大竹、广安、渠县、营山、阆中、南部、西充、蓬安、南充、岳池、广安、武胜、合川、潼南、铜梁、大足、璧山、永川、合江、江津、泸县、富顺、自贡、隆昌、荣昌、内江、资中。由于重庆是长江上游最大的港口和消费城市，有些外销商品和不能自给的商品是通过重庆出口或进口的，因此除核心腹地外，万县港与重庆保持着频繁的贸易往来。嘉陵江—渠江流域、乌江流域、沱江流域以及三峡东部地区是桐油、山货、药材、糖的主要来源地和棉纱、米、盐的主要销售地。与核心腹地相比，这些地区与万县港口的经济关系非常密切，但只存在部分依赖关系。

四川盆地边缘地区包括秦巴山地、云贵高原、川西高原的部分地区，即陕南、黔北、康藏等地区，这些地区是万县港口的边缘腹地，其范围包括：江安、长宁、安岳、遂宁、蓬溪、盐亭、梓潼、江油、广元、苍溪、巴中、平昌、通江、万源、城口、长阳、五峰、鹤峰、秀山。这些地区为部分山货、药材的主要来源地，区域对外较为封闭，区域经济较为落后，与万县港口的联系比较松散，对万县港口的依赖性有限。

第四章 长江上游港口与腹地的经济关系比较分析

第一节 贸易情形的共性与差异

一、贸易数量

近代开埠通商以来，长江上游宜昌、重庆、万县三个港口的贸易总额和进出口货值显著增长。1877年，宜昌开埠的第一年，宜昌贸易总额仅有土货出口的贸易额4585两，第二年贸易总额便增长至7万两，增长了14倍之多，到1924年，宜昌贸易总额到达最高值为1765万两，1932年为1167万两；[①] 1891年，重庆在开埠后的第一年，贸易总额就已达到285万两，第二年达到924万两，1930年达8655万两，1936年达最高值约9120万两；[②]

[①] 参见宜昌市税务局税志办公室编纂：《宜昌海关简志》，1988年，第42页；实业部国际贸易部编纂：《最近三十四年来（1900—1933）中国通商口岸对外贸易统计》，1935年。

[②] 参见甘祠森：《最近四十五年来四川省进出口贸易统计》民生实业公司经济研究所，1936年；周勇：《近代重庆经济与社会发展（1876—1949）》，四川大学出版社，1987年，第503—504页。

1917年万县开埠后，其贸易总额便为178万两，第二年增长至558万两，1936年达到2497万两。① 可见，港口的对外开放，极大地带动了长江上游地区经济贸易的发展，使得这一相对封闭的大区与外界的经济联系迅速密切起来。

尽管近代以来三港的对外贸易都有很大的发展，但三港的贸易数量和增长速度却有明显差异，见图4-1-1。主要原因是由于它们各自贸易基础和发展潜力的不同。

图4-1-1 三港贸易总额对比折线图

重庆港在开埠以前就已经是西南地区的最大港口，由于重庆港处在西南地区锁钥位置且重庆背后腹地的广阔富庶，其商业贸易遍及川、滇、黔、秦、楚、吴、越、闽、豫、两广和藏卫之地，贸易地位最为重要、经济基础最为雄厚，因此早已为西方殖民者所关注，在开埠后其对外贸易发展最快，贸易总额1899年

---

①参见（英）阿杜尔克著，李孝同译：《万县分关1917—1921年调查报告》，《万县文史资料选辑·第2辑》，1987年8月；润生：《万县贸易调查》，《四川经济月刊》第4卷第5期，1934年5月；茅家琦：《中国旧海关史料（1859—1948）》，《重庆海关报告》，京华出版社，2001年。

便突破了 2 千万大关，1923 年达 6 千万以上，1936 年更是高达 9 千万之巨；万县为下川东各县贸易之总汇地，是一个相当富裕的腹地的货物集散中心，因此被帝国主义所看好，贸易基础固然不如重庆，但要大大优于宜昌。万县开埠后，万县之进出口货物，则是由万县直接与上海、汉口交易，不再经由重庆为之中转。①开埠第二年，万县贸易总额便达 558 万两，1929 年突破 2 千万，1936 年达 2497 万两。

宜昌所处川鄂交界的山区，自然环境险恶，宜昌及毗邻的核心腹地地区能够输出的商品种类和数量都很有限，因此以转运贸易为它的经济生命线，贸易基础明显不如重庆和万县。宜昌虽率先开埠，享有先发优势，但此后，重庆、万县相继对外开放，这一优势逐渐被削弱。重庆开关第一年，宜昌海关即遭遇税收的压力，关税课大为减色，入四川的土货洋货在宜昌转船（过载），一部分货物的纳税转到重庆海关了。②万县设海关后，川东土货可直接在万县报关，对宜昌关的影响更加明显。由于本地人少、经济落后，竞争后劲不足，1920 年以前，在湖北和四川五大通商口岸中，宜昌还能位居第三，此后被万县超过，并且其贸易总额始终没有突破 2 千万两，正是贸易基础和竞争后劲不足的结果。③

除了受贸易基础和发展潜力的影响外，三港的进出口贸易由于受国内外经济、政治形势的影响，也呈现出各自的相同与不同之处。

宜昌、重庆港在开埠后一段时期内，都曾出现了严重的贸易

---

① 熊登洲：《万县港口志》，万县中心航管站史志编纂小组编，第 1 页。
② 《光绪十七年宜昌口华洋贸易情形论略》，《中国旧海关史料》，京华出版社，2001 年。
③ 参见实业部国际局编纂：《最近三十四年来（1900—1933）中国通商口岸对外贸易统计》，《1900—1933 年来中国中部通商口岸进出口贸易额对全国贸易总额之百分比率表》，1935 年。

逆差。宜昌除了开埠后前三年，土货出口货值略大于洋货进口货值外，从1880到1917年大部分年份，贸易逆差极大，且差额越来越惊人；[①] 开埠初期，外商在重庆、宜昌的洋行众多，并雇佣大量买办销售洋货，又由于洋货在税收上受子口税制的保护，使得洋货大批倾销，白银外流严重。所以，开埠初期，半封建半殖民地的特点是宜昌、重庆海关进出口贸易的根本所在。值得注意的是，万县自开埠后，其土货出口值一直高于洋货进口值。作为我国最大的桐油集散市场，自开埠后，万县的桐油便广受国内外市场的欢迎并且运销也日趋旺盛，除此之外，猪鬃、牛羊皮、药材、生漆等山货土产汇万运销也日益增多，因而万县的土货出口值自开埠以来一直高于洋货进口值，进出口贸易相对平衡，没有出现较大的贸易逆差。[②] 随着万县口岸的开放，再加上之后国民政府的"收回关税自主权运动"，三港的土货进出口数值开始大增，成为贸易总额的主要组成部分，贸易逆差被逐渐扭转。

1911—1916年期间，受辛亥革命、北洋政府统治、军阀混战、土匪猖狂以及第一次世界大战的因素，贸易发展和航运严重受阻，宜昌和重庆的贸易都受到影响，贸易额减少、贸易起伏大。1929年，受世界第一次经济危机的影响，三港的进出口贸易额均大幅下跌，1931年的"九一八"事变的爆发，也极大地影响了三港的对外贸易。

二、贸易结构

近代开埠以来，宜昌、重庆、万县三港总体贸易结构差别不

[①] 参见《宜昌海关史略》，第39-40页；《宜昌市文史资料·第12辑》，第61页。
[②] 参见游时敏：《四川近代贸易史料》，《1936—1941年洋货与土货进口统计表》，四川大学出版社，1990年，第26页。

大，只是某些商品由于当地需求和产量的不同在进出口数量上存在差异。

三港的进口货物都是以纺织品为大宗，棉纱、棉布成为最大的进口商品。这是因为四川本地棉产量较少，当地大都使用东部省份生产的棉花织布和国外进口的棉纱。[①] 出口土货以土特产、工业原料为大宗，如猪鬃、牛羊皮、药材、桐油等，主要是满足长江下游地区和国外市场的需要。

1920年以后，由于重庆市政建设的需要，公路的建设和街道的展宽都助成汽油、轻汽油、摩托车和脚踏车贸易的发展，摩托船只的增加引起了液体燃料和润滑油消费的增加，因而这段时期内重庆的机电类货物和煤油等油料货物的进口量要高于其他地区。[②] 而在宜昌的进口货物中这类货物却很少见，主要是由于宜昌的挂旗船、轮船拒绝运输这些易燃品，因而这类物品除由厘金船承运一部分外，大部分进口煤油由汉口持子口单由当地木船运至四川，火柴也用同样方法运至四川。

出口土货方面，鸦片贸易畸形发展在清末对宜昌的贸易结构产生极大影响，从1899—1910年，宜昌贸易数据高涨，为短期的异常现象，1905年八省合办膏捐总局在宜昌设立，使得宜昌成为全国的鸦片转运中心，鸦片出口值在当时的宜昌出口货物值中高居首位；[③] 生丝在重庆的出口要明显高于其他二港，这是由于重庆靠近三台、乐山等四川传统的蚕丝产地，重庆开埠以后，国际市场的扩大为四川各地蚕丝业的发展提供了新的契机，为适应市场的需求，各地开始出现蚕丝生产技术改革的高潮，从事缫丝

[①] 彭泽益：《中国近代手工业史资料》第二卷，三联书店，1957年，第209页。
[②] 周勇：《近代重庆经济与社会发展（1876—1949）》，351页。
[③] 湖北省宜昌市地方志编纂委员会：《宜昌市志》，黄山书社，1999年，第57页。

业的人数倍增，蚕丝产量大幅增长并通过重庆港大量出口；[1] 桐油在万县港的出口比重也要明显高于其他二港，万县地区是我国最大的桐油产区，万县每年进口的桐油，除本区和涪陵区外，其他如川北的开江、大竹、宣汉、万源、达县与湖北的利川、来凤、恩施、施南等各产区直接运来万县销售。自万县辟为商埠后，中外油商陆续来万收购桐油，此后万县的桐油业务便大大超过重庆。[2]

因此，长江上游三港进出口货物数量深受本地产量和销售量、国内外市场需求的影响，其在贸易结构上也呈现出明显的差异性。

第二节 交通因素的共性与差异

一、区域运输体系

自三口开埠以来，长江上游的区域运输体系，由以南北方向为主，转变为东西方向为主。

在近代以前，长江上游水运存在着许多不利因素。长江与其他主要通航河流均具有山区河流的特点，蜿蜒于高山峡谷之中，航道条件复杂，水流急、险滩多，航道有大滩从中梗阻，货物必须进行"搬滩"或者中转，增加了许多环节，影响了运效和费

---

[1] 钟崇敏：《四川蚕丝产销调查报告》，中国银行经济研究处外印行，1944年，第171—172页。
[2] 政协四川省万县市委员会文史资料工作委员会：《万县桐油贸易史略》，1983年，第11页。

用。① 所以，近代以前川江航运受阻，大大影响了东西向的物资交流。

宜昌开埠前，外国商品已经开始冲击四川市场。然而由于交通不便，道路险阻，在汉口开埠前，洋货入川缺乏中转站，难以上达重庆，加之"原有的古老闻名的夔关滥行课税，因此四川所需东部各省货物和洋货全靠'粤—湘—川'陆路供应"②，由粤海关经湖南至龚滩出涪州，上达重庆，水陆兼程，这就决定了流域内物资运输的主要方向是南北方向。直至1875年，重庆进口洋货总值才达到15.5万两。③

太平天国运动兴起，彻底地打乱了原来"粤—湘—川"南北通行的商路。1858年，五口通商大臣由两广总督兼任改由两江总督兼任，驻扎在上海，使得南北走向的商路逐渐向东部转移。

近代以来川江航道的通航以及1877以来长江上游三口岸的开埠，使得长江上游经济受外界影响加大，东西向的物资交流日益频繁。由于《烟台条约》规定"洋票各货，宜汉等关所收正半税数目比夔关税厘两项并本属轻减"，所以"商人趋利若鹜，……无论何省何人，不分洋商华商，均托名洋行运货捆载，往来如织……川河上下水洋票日多一日，即夔关应征之额税日减一日。"④ 至光绪年间，设在传统的"粤—湘—川"商路上的榷关关税盈余"皆所余无几，或竟敷衍解额矣"。⑤ 传统的南北走向的物资交流日趋衰弱，而沿长江水系东西走向的物资交流获得了很

---

①王笛：《跨出封闭的世界——长江上游区域社会研究（1644—1911）》，中华书局，2006年，第39页。
②罗玉东：《中国厘金史》，中国科学社会出版社，1979年，第416页，"同治初年……据云夔州一局，岁收入年可至六七十万两。"
③聂宝璋：《中国买办资产阶级的发生》，中国社会科学出版社，1979年，第133页。
④《夔关收数短绌核实办理折》，《丁文诚公遗集·奏议》卷17。
⑤周洵：《蜀海丛谈》，巴蜀书社，1986年，第23页。

第四章　长江上游港口与腹地的经济关系比较分析

大的发展，尤其是川江干流已成为货物最为集中和繁忙的航道。

二、水陆交通运输

长江上游地区的交通运输以长江及支流航运为脉络，与此相联系的是散布在城乡各地的石板小路。因此长江上游三港的交通运输方式差别不大，都是以水路运输为主，陆路运输为重要补充。

晚清及近代川江航道的整治，带动了长江上游各流域航运交通的大发展，水运成为其主要交通运输方式之一，尤其是在干流沿线地区，甚至成为对外交通最主要的运输方式。宜昌、重庆、万县三港皆位于长江上游主干航道上，有着天然的航运条件，通过长江干支流形成的天然而完整的水道交通网沟通腹地各县市。开埠前后，重庆至宜昌之间，成为长江上游最繁忙的航段。

然而，在这条航道中，重庆为西南地区的水陆交通枢纽和沟通全国的重要门户，以重庆港为核心的内河航运网遍及全四川，重庆无疑是近代长江上游最大的航运中心，而万县、宜昌则是区域航运的主要枢纽，三港在航运地位上存在差别。[①]

重庆港以四川地区为主要腹地，通过水运将其与广大腹地紧密联系起来，沟通长江干流、嘉陵江、岷江、沱江、涪江、渠江、黔江各地区;[②] 以万县为中心的航路有渝万线、涪万线、万宜线、万云开线等，沟通整个下川东地区;[③] 以宜昌为中心的航运，沿长江自西向东，经秭归、宜昌、宜都、枝江四县（市），

[①] 龙生：《重庆港史》，武汉出版社，1990年，第5页。
[②] 参见吕平登：《四川农村经济》，商务印书馆，1936年，第55—57页；邓少琴：《四川省内河航运史志资料》（江河部分），四川交通厅地方交通史志编纂委员会1984年。
[③] 平汉铁路经济调查组编：《万县经济调查》，长渝计划线经济调查特辑之三，1935年，第9页。

以及清江的恩施、长阳、宜都，沟通整个鄂西地区。①

在轮船尚未发展前，长江上游水运以木船为主，每年行驶于宜渝航线上的木船都有上万艘。②进入汽轮时代后，三港每年都有轮船出入。1927年民生公司的成立使长江上游轮运业进入兴盛期，1935年，重庆、宜昌出入的汽轮有2000多艘，③而由于民生公司于1931年才将航线扩展至宜昌，使得宜昌轮运业明显不如渝、万二港，1935年进出宜昌的中外轮船仅有82艘。④

长江上游多山，所以陆路交通甚为困难，但各种类型的道路仍形成了交通网络。长江上游三港与腹地间联系主要以水运为主，但陆路运输也是其重要手段之一，对于远离河道或河流不具备航行条件时，陆路交通在联系港口与腹地间物流的过程中起到了重大作用。

近代宜昌、重庆、万县的陆路对外交通依赖于历史上长期发展形成的几个主要通道，并且多数与水运相结合，将边缘腹地远离河道地区的土货以人力肩挑的方式，运至临近口岸，再以水运方式运至三港集散地，进口货物也以同样的方式运至不具备航运条件的边缘腹地地区。

以三地为中心的陆路交通要道所沟通地区及范围存在一定差异。其中，以重庆为中心的陆路交通要道所沟通地区最广阔，主要依赖于历史上长期发展形成的几个主要通道，包括东大路（至成都）、北岸大道（至宜昌）、洋渠古道（至陕南）、川黔大道

---

①国民经济研究所：《战时宜昌运输报关保险等事业之调查》，（第63号），1938年9月，第14—16页。

②《近代川江航运简史》，第79页。

③参见（日）东亚同文会编：《新修支那省别全志》第1卷《四川省上》，支那省别全志刊行会，1941年，第594—595页；聂宝璋：《中国近代航运史资料》第2辑（1895－1927），下册，中国社会科学出版社，2002年，第1267—1268页。

④参见《交通年鉴·航政篇》，1935年；《星槎周报》，第48期，1931年5月。

(至贵阳),可沟通整个川东地区,并到达四川盆地、鄂西、陕南、黔北地区,各通向除"大路"外,还存在着许多小路;宜昌地区因地势显要,崇山峻岭,加之生产力水平低下,陆路交通发展缓慢,以宜昌县城(今宜昌市)为中心,通往毗邻地区的人行大道,沟通范围仅限于鄂西地区,有宜施大路(至恩施)、宜巴人行道(至巴东)、东大道和南大道(至当阳)、北大道(至远安)、西大道(至长阳),主要连接川东、鄂西南和鄂西北地区,多为山间崎岖道路;万县地区航道较多,水运交通繁荣,使得陆路交通发展较慢,主要通道有东、西、南、北、中五条大路,分别通往云阳、梁平、湖北利川、开县和忠县,另外有小道通往开江和石柱,涉及范围为川东部分地区。

近代以来,由于宜昌、重庆、万县三港与腹地交通联系最突出的特点,就是其商业贸易的发达促进了区域运输体系的变迁和水路交通运输的繁荣。但是港口及其腹地之间水运的便利,在一定程度上也阻碍了其陆路交通的发展,汽车、火车等现代运输工具迟迟未能在这一地区得到推广。

第三节 腹地空间的共性与差异

一、腹地范围

由货物联系而形成的港口的腹地空间,一般由出口货物的供应地和进口货物的销售地两大部分组成。本文前三章通过考察近代宜昌、重庆、万县三港与腹地地区的进出口货物往来,得出三港进出口货物运输所涉及的大致腹地空间范围。

从三港的腹地范围分布可以看出，水运路线对腹地空间的分布具有决定性意义，无论是宜昌、重庆还是万县，其腹地空间范围都是沿它们与腹地之间进行货物往来的长江及其各支流航道进行拓展，大部分腹地与港口之间有长江干流及支流的水运贯通。

长江上游各港口的腹地空间分布还充分受地理环境的限制，长江三峡沿岸的山地地形，以及四川盆地边缘的高原山地，使得外围地区与宜昌、重庆、万县三港的货物往来不畅，严重影响了三港商业腹地的空间拓展。如宜昌的商业腹地沿长江干流呈东西向分布，重庆的腹地范围可以以重庆为中心拓展至整个四川盆地，都体现出地形条件对腹地空间分布的重要性。

三港商业腹地空间范围的大小差别较大，重庆港作为西南地区最大的港口，其腹地空间范围最大，基本上涵盖了整个四川地区。另外二港的腹地范围相对要小得多，宜昌港腹地西部部分地区、万县港腹地的大部分地区也隶属于重庆港腹地的空间范围之中。

同时，三港的商业腹地空间范围具有各自的区域属性。以宜昌为中心的商业腹地，主要是沿江汉平原和沱江流域之间的长江干流和支流清江等呈东西向分布，并包括宜昌以西的乌江、嘉陵江流域小部分地区；以重庆为中心的长江干流以及嘉陵江、渠江、涪江、乌江、沱江、岷江流域的广大地区，都是重庆港的商业腹地范围；以万县为中心的商业腹地范围，主要是重庆以东的长江干流流域、与万县临近的嘉陵江、渠江、涪江流域，并涉及沱江、乌江部分流域。区域属性的不同说明港口腹地的商业空间范围都是以所在的港口城市为中心而分布的，很大程度上是为港口城市而服务的。

二、腹地层级

宜昌、重庆、万县三港的商业腹地都具有各自的腹地层级，且都与市场结构相对应，呈现出核心、过渡和边缘三个层次。

从核心腹地的情况来看，对宜昌依赖性最强的核心腹地为宜昌周边、长江三峡南北两岸以及清江流域等地区，包括宜昌、秭归、长阳、兴山、巴东、建始、恩施、奉节、巫山、当阳、枝江、宜都等地区；重庆周边地区和嘉陵江水系的嘉陵江、渠江流域、涪江中下游是重庆的核心腹地，包括合川、南充、达县、遂宁等地；以万县为中心的东南长江流域一带的川东经济区是万县港的核心腹地，包括奉节、云阳、石柱、涪州、丰都、开县、达县、垫江、梁山等。三港的核心腹地都是它们所在城市主要粮食供应地、农副产品和原料产地，与港口之间可通轮船、木船，交通最为便利，在长江上游未对外开埠通商之时，就已经是三个港口城市经济流通、商品交换的主要对象。同时，当港口发生较大的经济波动，往往会迅速在这些地区产生反应。

从过渡腹地的情况看，重庆至奉节的长江南北两岸、鄂西南山地以及江汉平原西部等地区，是宜昌港的过渡腹地；整个四川盆地，包括沱江流域、岷江流域、成都平原是重庆港的过渡腹地；嘉陵江—渠江流域、乌江流域、沱江流域以及三峡东部地区是万县港的过渡腹地。这些地区与港口的关系非常密切，但只存在部分依赖关系，为港口附近地区出产土货的主要销售地。

从边缘腹地的情况看，重庆以西地区以及宜昌东北大巴山地区的保康、南漳等地，是与宜昌有一定经济联系的边缘腹地；四川盆地周边区域包括云贵高原、横断山地、甘南山地、秦巴山地的部分地区，即黔北、滇北、康藏、甘南、陕南等地区，这些地区是重庆港口的边缘腹地；四川盆地边缘地区包括秦巴山地、云贵高原、川西高原的部分地区，即陕南、黔北、康藏等地区，这些地区是万县港口的边缘腹地。成为边缘腹地的原因，一是由于这些地区与港口距离较远，经济联系较少；二是由于东北的大巴山区、四川盆地边缘地区较为封闭，区域经济较为落后，且交通较为不便与港口的联系比较松散，对港口的依赖性有限。

虽然宜昌、重庆、万县三港的核心、过渡、边缘腹地所涉及的区域范围不同，但层级腹地与港口或港口城市的关系属性却是类似的，由核心到边缘腹地，它们与港口的距离越来越远，联系越来越不便，对港口的依赖程度越来越低。

第四节 腹地重合区域的分析

一、三港腹地相互重合区域

近代以来，宜昌、重庆、万县先后开埠，区域间的贸易往来频繁、经济联系紧密，港口的商业腹地彼此之间存在很多重合区域。重庆作为长江上游地区最大的通商门户，具有极强的腹地辐射能力，在它的影响下，宜昌、万县二者对重庆的依附性越来越强，成为各自区域的对外贸易枢纽。

宜昌与重庆腹地重合区域为巫山、巫溪、奉节、云阳、万县、石柱、彭水、黔江、酉阳、彭水、涪陵、丰都、忠县、垫江、梁山、长寿、江北、巴县、南川、綦江、江津、合川、永川、璧山、铜梁、大足、荣昌、隆昌、内江、资中、富顺、自贡、南溪、泸县、合江地区。大部分地区为宜昌的过渡腹地和边缘腹地地区，同时又是重庆的核心腹地地区，是宜昌港进口、转口土货的主要来源地，也是重庆港进口货物的主要销售地。

万县与重庆腹地重合区域为巫山、奉节、万县、石柱、彭水、黔江、酉阳、秀山、巫溪、云阳、开县、开江、达县、梁山、忠县、垫江、丰都、涪陵、武隆、南川、綦江、江津、巴县、璧山、永川、铜梁、大足、荣昌、隆昌、潼南、合川、大竹、邻水、渠县、广安、岳池、武胜、南充、蓬安、营山、西充、南部、阆中、城口、宣汉、万源、通江、巴中、平昌、苍溪、广元、江油、梓潼、盐亭、蓬溪、遂宁、安岳、内江、资中、自贡、富顺、泸县、合江、江安、长宁地区。万县港的核心腹地与过渡腹地都包含在重庆港核心腹地的范围之中，而万县港的边缘腹地地区又属于重庆港的过渡腹地范围。可以说，万县港的整个商业腹地范围都隶属于重庆港的腹地范围，可见万县港的对外贸易对重庆港的依赖性之大。

宜昌与万县腹地重合区域为巫山、巫溪、恩施、建始、巴东、秭归、长阳、五峰、鹤峰、宣恩、利川、咸丰、来凤、酉阳、黔江、彭水、石柱、丰都、涪陵、奉节、云阳、开县、万县、梁山、忠县、垫江、长寿、江北、巴县、南川、綦江、江津、永川、璧山、铜梁、大足、荣昌、隆昌、内江、资中、自贡、富顺、南溪、泸县、合江地区。宜昌港核心腹地的大部分地区属于万县港过渡腹地范围，宜昌港核心腹地以西的开县、云阳、万县、石柱、丰都、忠县、涪陵、垫江、梁山地区，为万县港的核心腹地，宜昌港其余的过渡腹地和边缘腹地部分皆属于万县港的过渡腹地范围。由此可知，大部分宜昌港商业腹地都隶属于万县港商业腹地范围。而宜昌以东的腹地地区不与万县港和重庆港腹地范围重合，这些地区是宜昌港商业腹地最具区域属性意义的体现。

通过以上分析可知，港口的腹地辐射能力是与港口的经济实力是成正比的。作为长江上游最大的港口，实力最强大的重庆港其商业腹地的范围囊括了宜昌和万县二港腹地的大部分地区；作为下川东的门户、附近各区县出口土货的汇总之地万县，其腹地范围又包括了宜昌的大部；而实力最差、发展水平最低的宜昌港的腹地范围最小，在很大程度上依赖于其他二港。

二、三港腹地共同重合区域

宜昌、重庆、万县三港商业腹地的共同重合区域包括：巫溪、巫山、奉节、云阳、石柱、黔江、酉阳、彭水、涪陵、丰都、忠县、梁山、垫江、长寿、南川、綦江、江北、巴县、璧山、铜梁、大足、永川、荣昌、隆昌、资中、内江、富顺、南溪、泸县、合江，它们是长江上游受开埠通商影响最深刻的地区，是商贸往来最为密切、繁荣的地区，代表了长江上游地区贸易发展的最高水平。

三港共同腹地的高度重合性决定了其区域内进出口货物往来的复杂性，接下来以涪陵为例对这一问题进行尝试性探索。涪陵作为三港共同重合腹地地区之一，通过考察产自于涪陵地区的土货通过哪些港口出口、在涪陵地区销售的外来进口货物从哪些港口进口，可以大致作为推断腹地地区的涪陵对宜昌、重庆、万县三港的依赖程度分别如何。

涪陵地处长江与黔江的交汇处，物产丰富、人口众多、水路交通便利。每年都有大量的山货土产出口全国和海外，也进口大量的生活用品、粮食、工业品在当地消费。① 其货物进出口所依赖的水路交通路线为长江,上水范围上起江津,经重庆至涪陵,以及嘉陵江由合川至重庆段,其进出口货物都需要在重庆汇合,再运至涪陵;下水路线自涪陵经丰都、忠县至万县,再至宜昌。②

产自涪陵地区的出口货物以桐油、榨菜、山货、生漆为大宗。涪陵地区盛产桐油,其运销量一般在5600吨以上,③ 由于万县为四川油市中心,再加上由涪陵至万县为下水顺流,航运较便,因此涪陵桐油70%由万县出口,30%由重庆出口,往万县者皆用木船,往重庆者则用轮船;④ 涪陵榨菜,驰誉国内,为当地出口主要物产之一,涪陵榨菜销售地以申汉两地最为主要,因此多由木船运至宜昌,再由宜昌转用轮船运至申汉,或者由小轮船运至重庆,改装大轮船运至申汉;⑤ 涪陵地区所产山货以青麻、桵子、羊皮数量最多,每年出口总值,约计40万元,基本上都由重庆出口;⑥ 涪陵生漆,当地绝少交易,由于四川地方捐税机关,各地征收数量不一,涪陵、重庆间捐税,较涪陵、万县间捐税少,因此涪陵生漆几乎全数运往重庆出口,并不从万县出口。⑦

涪陵对外来进口货物的需求量,以盐、米、棉纱、疋头、煤油、纸烟、糖、酒为最多。涪陵所销之盐,来自四川富荣盐场,

---

① 夏述华:《涪陵港史》,武汉出版社,1991年,第8-9页。
② 平汉铁路经济调查组编:《涪陵经济调查》,长渝计划线经济调查特辑之二,1937年,第6页。
③ 夏述华:《涪陵港史》,武汉出版社,1991年,第38页。
④ 平汉铁路经济调查组编:《涪陵经济调查》,长渝计划线经济调查特辑之二,1937年,第16页。
⑤ 平汉铁路经济调查组编:《涪陵经济调查》,长渝计划线经济调查特辑之二,1937年,第26页。
⑥ 平汉铁路经济调查组编:《涪陵经济调查》,长渝计划线经济调查特辑之二,1937年,第41页。
⑦ 平汉铁路经济调查组编:《涪陵经济调查》,长渝计划线经济调查特辑之二,1937年,第43页。

均自产地由重庆换船运至涪陵;① 涪陵山多田少，谷产不丰，所需米食不得不仰赖于泸县、合川等地稻米的输入，这些地区所产稻米，皆装木船运至重庆，再由重庆转口至涪陵;② 涪陵所销棉纱、疋头，皆来自重庆，装轮船运来，其疋头以重庆渝裕华厂出品为最多;③ 涪陵之煤油，皆由重庆装木船运入，④ 所需纸烟，也来自重庆，由重庆至涪陵装轮船运输;⑤ 涪陵地区所需之糖，全数仰给于资中、内江、富顺等产区，在重庆集中，装木船运至涪陵;⑥ 涪陵所需之饮酒，大部分由江津装木船经重庆运来，璧山、永川所产酒也有少数由重庆运至涪陵。⑦

由上述分析可知，以涪陵为腹地的进出口货品，除出口货物中桐油，因市场特殊关系，大部分由万县出口，以及榨菜多由宜昌出口至申汉外，其余全部货品，几乎都以重庆为出口和进口之枢纽。因此，三港的共同腹地之一涪陵，对重庆港具有极强的经济依赖性，对万县港在桐油出口上存在很大的依赖性，对宜昌港在榨菜出口上具有一定的依赖性。

---

①平汉铁路经济调查组编:《涪陵经济调查》，长渝计划线经济调查特辑之二，1937年，第51页。
②平汉铁路经济调查组编:《涪陵经济调查》，长渝计划线经济调查特辑之二，1937年，第57页。
③平汉铁路经济调查组编:《涪陵经济调查》，长渝计划线经济调查特辑之二，1937年，第62—65页。
④平汉铁路经济调查组编:《涪陵经济调查》，长渝计划线经济调查特辑之二，1937年，第67页。
⑤平汉铁路经济调查组编:《涪陵经济调查》，长渝计划线经济调查特辑之二，1937年，第71页。
⑥平汉铁路经济调查组编:《涪陵经济调查》，长渝计划线经济调查特辑之二，1937年，第75—76页。
⑦平汉铁路经济调查组编:《涪陵经济调查》，长渝计划线经济调查特辑之二，1937年，第83页。

第五章　长江上游港口与腹地的
　　　　　经济互动情况考察

　　近代是中国经济从传统向现代转化的时期。由于中国最初的现代化因素是西方资本主义输入的，通商口岸便在中国现代化的初期阶段扮演了重要的角色。通商口岸往往是现代化最早开始的地方，加之历史的基础，往往成为各区域的贸易中心、工业中心和最重要的城市，并对腹地的现代化产生巨大的影响。[①] 就长江上游地区而言，近代生产力首先发端于沿江开埠港口城市，然后再往自己的腹地扩展，港口城市和腹地之间的经济互动，导致了长江上游这一内陆地区的经济剧变。

　　开埠通商以后外国资本主义对中国传统经济的冲击，首先经过口岸吞吐的进出口贸易，以及为贸易服务而获得发展的近代交通运输以及近代商业，成为口岸城市对腹地的第一波冲击。若干年后，随着口岸城市自身商业、金融的发展，导致为其服务的工业基础设施随之完善、农业经济日益商品化，又产生了第二波冲

---

①吴松第：《中国经济百年拼图——港口城市及其腹地与中国现代化》，山东画报出版社，2006年，第9页。

击。① 因此，本章的主要目的，是力求在近代长江上游港口对腹地经济互动的过程中，通过对腹地的商业、工业、农业成长变化的客观呈现，体现近代长江上游地区外向型经济的兴起。

第一节 腹地商业的外向化

一、商业结构的变化和商品流通的扩大

在长江上游地区，随着宜昌、重庆、万县的开埠通商，对外贸易的发展带动了港口城市和腹地商业经济的繁荣。清朝末年，宜昌全市仅有棉业8家、钱业8家、过载堆栈8家、船行2家、杂货行7家、榨坊4家、旅栈9家。② 万县开埠前，城区的工商户不到百家，其中有9家盐号、4家行栈（主要经营上河糖业、下河海味业），几十家苏货、京货、绸缎等铺，还有一些经营刺绣、印刷、木器、土丝烟等商店。水运交通便利地区，多沿江发展一些小商品经济。如秭归县仅沿江集镇有一些商业店铺，主要经营油盐、杂货、布匹等商品。③ 巴东地区市场交易甚不发达，"民多依川江之便而逐末，但无大资本。贫民，或为人负土货出境，往来施南。以糠秕资其生，或挖煤运行荆宜一带，获微利而藉以为食。"④ 而在鄂西山区等水运交通不便地区，则是呈现一种

---

① 吴松弟：《港口——腹地与北方的经济变迁（1840—1949）》，浙江大学出版社，2011年，第199页。
② 邓少琴：《近代川江航运简史》，第1页。
③ 湖北省秭归县地方志编纂委员会：《秭归县志》，中国大百科全书出版社，1991年，第248页。
④ 同治《续修巴东县志》，卷10，风土志：风俗。

自己自足的自然状态。如"恩施在万山之中,舟车之所不至……邑之谷米外贩不至,一邑之粮尚济一邑之食,惟远来积谷之家每于荒欠增其值,贫民持钱不能擢其升……"①

港口的开埠通商,不仅促进了港口城市的近代化,② 同时也促进了腹地商业结构的变化。开埠前,宜昌及其附近地区出产不丰,输出很少。近代开埠以来,洋货大量涌入宜昌及其腹地市场,洋行公司接踵而来,开码头,建堆栈,一些为外商服务的商店、行栈应时兴起,商业有了进一步的发展。③ 大多数洋行公司,依仗特权和经济优势,有计划地搜刮农特产,如生漆、桔子、棉花、牛羊皮、桐油、药材等等,并倾销其工业品,如煤油、油漆、疋头、五金、海味、百货、香烟等等。④ 一系列外商、洋行的商业行为,改变了腹地的商品结构。如秭归,清代秭归的商业购销以粮食和其他食物为大宗,大部分都从四川万县及本省宜昌、沙市购进,输出很少。宜昌开埠后,秭归县内输出商品以土纸、原煤、桐油为大宗,花生、芝麻、黄丝、杂皮、生猪、皮油、木材次之。输入商品有大米、玉米、盐、煤油、杂货、布匹等。⑤

港口的开放,促进了港口城市商品流通的扩大,通过商品流通,促进了港口城市与腹地的经济交流。就重庆的洋布进口来说,每年在一定的季节里,"商人从偏僻和遥远的城镇如成都、保宁府、潼川府、遂宁县、嘉定府、绵州、合州及其他重要地

---

① 同治《恩施县志》,卷之七,风俗志:地情。
② 见本文第二章第二节内容。
③ 宜昌市商业局商业志编委会:《宜昌市贸易史料选辑》,1986年,第27页。
④ 《宜昌市志(初稿)》,《解放前宜昌市商业市场情况、未开辟为通商口岸的商业情况》,1959年6月。
⑤ 湖北省秭归县地方志编纂委员会:《秭归县志》,中国大百科全书出版社,1991年,第255页。

方,有的由陆路,有的由水路来到重庆,运来他们的土产,并运回洋货"①。洋货由重庆这个中心市场分销到四川各地,并积极向云、贵倾销。② 到1904年,外国棉纺织品已深入川西成都附近绵阳、平武、理番、松潘等广大偏远地区,而绵阳一地,每年销售洋纱竟达300万斤之巨。③ "北面远至潼川,西边远至雅州,并且包括合川、遂宁县太和镇、万县、成都、眉州、中江、嘉定、叙府、泸县这些如此重要的商业中心——实际上把四川的每一个城镇包括在内。"④ 对外贸易的发展,也导致了重庆与腹地之间新型商品流通渠道的形成,促使了土洋货购销网和金融服务网在全川的建立。⑤

作为前近代分散的、小流量的、低水平的商贸发展,开埠后港口腹地因内外向循环、城乡交互式的区域商品市场的发育成长和商业结构的变化,促进了港口与腹地商品流通的扩大,进而推进了腹地城乡经济的进一步发展。

二、商业经营方式的变化

开埠前的宜昌,很少有专营商业的商人群体,商人的社会组织,仍然是以地缘、血缘关系而组成的商帮。"商贾、土著者什之六七,即土农亦必兼营。"上而川、滇、黔,下而湘、鄂、吴、越,皆有来宜昌经商,商市半皆客民,有川帮、建帮、徽帮、江西帮以及黄州、武昌各帮。⑥ 重庆的"上下十三帮"也基本上覆

---

① 姚贤镐:《中国近代对外贸易史资料》第3册,中华书局,1962年,第1548—1549页。
② 姚贤镐:《中国近代对外贸易史资料》第2册,中华书局,1962年,第1348页。
③ 李文治:《中国近代农业史资料》第1辑,三联书店,1957年,第487—488页。
④ 彭泽益:《中国近代手工业史资料》第2卷,三联书店,1957年,第247页。
⑤ 参加本文第二章第二节内容。
⑥《宜昌市志(初稿)》,《解放前宜昌市商业市场情况、未开辟为通商口岸的商业情况》,1959年6月。

盖了商业的主体。开埠后随着国内外市场的日益扩大，这种帮派性质组织因其具有封闭性和排他性，缺乏联络，规模小、机构杂乱，严重限制和束缚了其商业发展。

近代随着宜昌、重庆、万县的开埠，一些新的行业、新的经营方式、新的商业理念，在19世纪末20世纪初陆续诞生。重庆，以及宜昌、成都、华阳、万县、泸县、富顺等地，具有近代意义的商业公司在各繁荣市镇纷纷显现。这些公司多采取集股、股份有限等形式，以商办为主并有官商合办类型，各地还建立组织更为规范的商会及同业公会进行管理。1904年重庆设立总商会，总商会取代了之前"八省会馆（公所）"行业组织功能，不仅在商界继续保持着强大影响力，还积极参与了多项市政、慈善和生产建设活动。[1] 至抗战前夕，宜昌有商店数1315家，全年营业额897万元，[2] 万县私营商业达2625家，[3] 巴县商业公会数量达到39个，商户有4086家之多（表2-2-3）。[4] 这些商行在营销数量、运作模式上，都已具有一些现代的特色。

表5-1-1 民国《巴县志》载1939年前后商业情况[5]

行业工会	公会地址	商户数	行业公会	公会地址	商户数
银行业	模范市场	13	胶皮业	马王庙	24
钱业	陕西街	14	米粮业	米亭子	18
盐业	曹家巷	120	换钱业	鱼市街	80
棉纱业	白象街	72	熟药业		320
疋头绸	白象街	200	煤业	文华街	480

---

[1]窦季良：《同乡组织之研究》，中正书局，1946年，第76—79页。
[2]彭学章、曾兆祥：《湖北省志·贸易》，湖北人民出版社，1992年，第55~57页，《1935年湖北主要城市商店及营业表》。
[3]万县志编纂委员会编：《万县志》，四川辞书出版社，1994年，第292页。
[4]民国《巴县志》，卷十三，商业。
[5]资料来源：民国《巴县志》卷十三，商业。

续表

行业工会	公会地址	商户数	行业公会	公会地址	商户数
缎业			布业	较场	290
颜料业	育婴堂巷	23	油业	鱼市街	94
苏货业	后祠坡	130	旅栈业	东华观	800
干菜业	白象街	88	服装业	至诚巷	117
川产丝	模范市场	23	袜业	公园路	156
织品业			油漆业	米花街	94
五金杂货业	后祠坡	68	运输业	簧学	50
药材业	羊子坝	174	屠业	桂花街	25
新药业	三忠祠	42	制革业	商业场	36
山货业	东华观	120	瓷器业	中营街	44
糖业	朝天门半天街	30	中西餐业		112
丝业	镫笼街	16	皮货业	新丰街	14
纸张印刷业	打铁街	62	鞋帽业	模范市场	68
书业	陕西街	34	煤油业	鱼市街	22
银楼业	小梁子	13	总计	39个公会	4086

如上所述，通过进出口贸易体现出来的腹地商业的外向化，无疑是长江上游港口与腹地经济互动在商业上的集中表现。开埠以前，长江上游地区商业的基本功能，主要在于狭小市场范围内商品的余额调剂，其经营内容和组织方式都相对封闭。开埠以后，腹地商业从商业成员身份、商业结构、经营范围、通达渠道、营销方式等方面都发生了明显的变化，也就是加入了许多外向化的成分和内容。其基本的经济功能，也由区域市场间的余额调剂服务，转向为广大腹地与港口间商品进出口服务，由内向型的商业，逐步转化为外向型的商业。

第二节　腹地农业的市场化和外向化

一、经济作物商品化

开埠后，伴随着长江上游农村自然经济的初步解体，农村商品经济有了一定程度的发展。这一时期，由于出口贸易的诱导和民族资本、外国资本创办工厂对原料的需求，长江上游港口腹地农村的作物种植结构发生了变化，出现了经济作物商品化的特征。

宜昌开埠后，在进出口贸易的刺激下各腹地农作物的种植结构更倾向于棉花、茶叶、桐油、烟叶、蚕丝等进出口贸易需要的经济作物，农产品商品化程度显著提高。清末、民国时期，当阳全县多采取同时栽培多种经济作物的经营方式，水稻、小麦、棉花、粟谷、花生、芝麻、高粱等几乎每户都有；红苕、黄豆、包谷、蚕豆、豌豆等亦有少量种植。① 随着农村商品经济的进一步增长，"棉花出口日多，大利所在，农家多以稻田、旱地改种棉花；从前素不产棉之地，亦以产棉闻矣"，② 荆州、宜昌、施南等地，均称为产棉区，产棉多寡不等。当阳、宜城、南漳、江陵、枝江、长阳、五峰、兴山、巴东、秭归等地，均成为湖北烟草产地。万县开埠后，桐树成为"最具有经济价值的树木"而普遍种

---

① 湖北省当阳市地方志编纂委员会：《当阳县志》，中国城市出版社，1992 年，第 160 页。
② 《中外经济周刊》110 号，1925 年 5 月 2 日，第 1 页。

植。① 本地养蜂家由于所产的蜂蜜大量输出意大利而兴高采烈，于20年代新设立许多实验蜜蜂场。②

在四川地区，由于种植经济作物的收入倍于粮食，因此重庆开埠后，桑蚕、甘蔗、烟叶等经济作物的种植成倍增长。随着出口生丝的剧增，官民皆视为要务而大为推广，农村蚕桑业在清末民初出现了空前兴旺的局面。四川农政总局以种桑之多寡定各属农政之兴废，"民间又种桑最多者，地方官以花红宠异之"③。据民国《巴县志》载"四乡农户亦未不购求桑树，争自种植……一县之内，蚕社林立"④。西充"无几一户不饲蚕"；新都"种桑之家到处多有"；中江"参娘桑妇，几于无地无之"；川东江北厅"大凡自业者几于无不种桑养蚕"⑤。1918年，四川生茧产量已达64万担，居全国第三位；1925年达70万担，创最高纪录。⑥ 开埠后，四川甘蔗种植区由清中前期的少数地区发展到97个县。⑦ 产糖胜地内江，农民"尤以艺蔗为务"；一些原不产糖的州县在清末也开始种植甘蔗制糖，如新津县光绪初年才引进甘蔗，设立糖房，到20年代，糖房增至10余所，"每糖房产出糖五六万斤七八万斤不等"⑧。据统计，1910年，川省制糖户数共8,937家，产糖138,742,188斤，合138.7万担，具体情况见表5-2-1。

---

① （英）阿杜尔克著，李孝同译：《万县分关1917—1921年调查报告》，《万县文史资料选辑·第2辑》，1987年，第192页。
② （英）阿杜尔克著，李孝同译：《万县分关1922—1931年调查报告》，《万县文史资料选辑·第2辑》，1987年，第202页。
③ 周勇：《近代重庆经济与社会发展》，四川大学出版社，1986年，第229页。
④ 民国《巴县志》，卷19，物产。
⑤ 吕平登：《四川农村经济》，商务印书馆，1936年，第225页。
⑥ 尹良莹：《四川蚕业改进史》，商务印书馆，1947年，第235页。
⑦ 郑励俭：《四川新地志》，正中书局，1946年，第87页。
⑧ 周勇：《近代重庆经济与社会发展》，四川大学出版社，1986年，第126页。

表 5-2-1　四川 50 家以上糖户地区统计表[①]

地区	制糖家数	产糖量(斤)	地区	制糖家数	产糖量(斤)
金堂	151	6,993,151	南溪	320	5,061,120
简州	359	10,195,452	隆昌	122	5,177,494
汉州	105	2,022,025	资州	1,059	23,328,608
德阳	137	381,107	资阳	305	9,543,666
会理	73	468,365	内江	788	40,532,588
犍为	72	3,150,894	仁寿	86	2,027,241
荣县	207	482,328	广安	446	170,895
威远	124	7,325,274	铜梁	108	3,448,438
宜宾	2,496	7,863,700	合州	58	858,399
庆符	98	640,000	开县	104	88,092
富顺	785	2,253,865	渠县	400	4,478,900

在出口贸易的带动下，原本是自产自销的种种物资转变为以外部市场需求为导向的，以出售为目的的商品化生产。

二、农村集镇的勃兴

随着长江上游开埠通商以来农产品商业化和商业性生产的发展，农村市场逐渐活跃起来。大大小小的"行商座贾"及雇佣学徒的小作坊在农村如雨后春笋般兴起。腹地农村市场和港口城市形成一个商业网。它们交流货物，调剂有无，促进了广大城乡的商品交换。

贸易往来的发展，使得宜昌农村集镇变化很大。乡镇较为繁盛之区，东以龙泉铺为商场，均有商店 40 余家，均系中小商。北以小溪塔、分乡场为商场，小溪场约有商店 20 余家；分乡场约有 10 余家。均属中小商店，亦营杂货、布匹、棉花、粮食等

[①] 资料来源：《四川第四次劝业统计表》，1910 年，第 23 表。

业。南以鸦鹊岭及土门垭为商场，各有商店20、30余家。西以穆家店、曹家畈为商场，共有20、30家，亦以农民必需品为营业。①

在宜昌腹地，江陵县的郝穴镇是重要的物资集散地。民国年间，郝穴镇商业兴旺，有商业、饮食业、服务业共97类，颇有名气的在千家以上，人口达三万以上，有人以"日有千人拱手，夜有万盏明灯"的诗句形容其鼎盛的情况。②宜城县（现宜城市）小河镇在清末民初成为南漳、宜城部分地带粮、棉及日常生活物品进出口集散地，白天擦镇而过上襄樊、河南、下沙市、武汉的船只当以千计，傍晚依岸抛锚歇息的船只常有数百只，群众谚称："上河口、下汉口，当中有个小河口。"③老河口位于汉水中游，是鄂北农副产品的主要集散地，湖北所产的茶叶从这里运往俄国，从东南来的洋货亦由这里销往西北。镇上人口达四五万，码头进出和停泊的船只数百艘，镇上店铺行栈林立。④

随着重庆、万县的开埠通商，四川农村商业集镇的发展进入一个高峰期，并出现了专门的手工业集镇和商业型集镇。绵阳东北的魏城镇，自古以缫丝织绸等手工业而著称，近代蚕丝出口贸易的发达进一步刺激着该地区手工缫丝业和织绸业的发展，使得魏城镇成了蚕茧、生丝交易的中心，全镇年产丝共千余担，销往成都、上海以及东南亚各国。⑤重庆开埠后，随着羊毛市场需求量大增，位于阿坝通道上的灌县灌口镇成了川西羊毛、山货药材的主要集散市场之一，州内所需的粮食、茶、盐等也由此地运

---

①胡效新：《宜昌县志初稿·食货全》，商业，1926年。
②湖北省乡镇企业管理局：《湖北近代农村副业资料选辑（1840—1949）》，1987年，第41页。
③《襄樊地方志通讯》第2册，第382页。
④罗福惠：《湖北通史·晚清卷》，华中师范大学出版社，1999年，第384—386页。
⑤民国《绵阳县志》，卷3，食货志：物产。

入。因而民国时期，灌口镇"百货骈阗，商贾群集，以贩药材、羊毛特多，行销渝、汉、宜、泸，岁值数十万元，麝香赤金为夥"①。1907年（光绪三十三年）广安洄旧镇有"铺户民居三千余，街道十八，鱼盐、珠翠、棉布、棉币、米谷珍错，百货毕集，人称小渝城"②。成都簇桥镇"每属场期，行人塞途"，据民国《华阳县志》记载"近来吾县簇桥，每新丝熟时，乡人鬻茧及商贩贸丝者麇集，官为榷税，岁额常数万金"③，在历史上曾有"小蓉城"的美称。

口岸的开放，使得广大腹地农村在进出口通商贸易的带动下，成为市场经济最有活力的地区。大量农产品、山货土产、手工业品在农村市场聚集，通过水陆运输网络运往港口城市及国内外各大消费市场，使得农村商品经济勃兴，大量农村集镇兴起，这是外向型经济发展的必然结果。

第二节 港口城市及其腹地工业的近代化

在打开国外大门的同时，长江上游地区港口城市及其腹地地区也被卷入国际市场，随着市场的打开，代表西方工业文明的使用各种动力的机器和工业制成品开始进入中国。在国外机器、工业品和资本主义生产的冲击之下，促使长江上游港口城市及其腹地地区自给自足的传统手工业转型和发展，采用机器生产、按照西方式工厂管理方式运行的现代企业，也在港口城市首先发展起

---

① 民国《灌县志》，卷4，食货志：实业。
② 光绪《广安州新志》，卷9，乡镇志。
③ 民国《华阳县志》，卷13，食货志：实业。

来，并逐渐往腹地扩展。

一、传统手工业的变迁

由于外国产品的进入，农村传统的棉手工纺织业逐渐衰弱，而洋纱手工纺织业很快在四川广大农村地区散布开来。四川地区本不是一个产棉省区，用于纺织的棉花，除用本省少数州县的棉花外，其余的主要依靠湖北、陕西两省的输入。在四川，靠这种外来棉花从事纺纱织布的手工业十分普遍。但是，正是因为原料主要仰给外省，而贩运来川的棉花又往往受到年成丰歉、税厘轻重、交通畅滞等因素的影响，因此供应量往往不稳定。与之相较，洋纱不仅在价格方面与棉花相当，而且不用再纺，即可织布，以质量而论，洋纱比土纱更细腻均匀。因而，对比下来，洋纱具有较强的竞争力。19世纪80年代以后，洋纱开始取代土纱，成为城乡棉织业的主要原料。而遍布广大农村的手工业棉纺生产也遭到了全面破坏。绵阳"先年妇女均能纺线，自洋纱输入，纺花甚属寥寥"[1]，"以往遂宁棉花每年收获20万两银，现在已降至10万两，这种下降是由于印度棉纱和日本棉纱大量输入所致"[2]。在洋纱的倾销下，四川农村并没有出现农民、手工业者破产流亡的景况，而是出现一幅农村家庭手工织布业兴旺的画面：19世纪90年代"川省购买洋棉纱异常踊跃"，"川省迤北一带，比户人家妇女，莫不置有布机"，[3] 以洋纱织布，并运销云南、贵州，璧山县"以洋纱织布，浸成出口大宗"[4]。总之，洋纱倾销的结果，

---

[1] 民国《绵阳县志》，卷3，食货志：物产。
[2] 彭泽益：《中国近代手工业史资料》卷二，三联书店，1957年，第213页。
[3] 杨大金：《近代中国实业通志》，中山书局，1936年，第192页。
[4] 《成都日报》，1908年（光绪三十四年）十一月初三日。

第五章　长江上游港口与腹地的经济互动情况考察

造成"棉织业遍及全省",使"各地手工织布业散布更广"。①

开埠后,市场的扩大也刺激了相关产业生产的扩大和生产工具的改进,如缫丝业、制糖业、夏布业。重庆开埠以后,国际市场的扩大为四川各地蚕丝业的发展提供了新的契机,为适应市场的需求,各地开始出现蚕丝生产技术改革的高潮。19世纪70年代以前"皆用大车",缫制出的生丝"其质甚粗",②因而大多作为废丝出售,价格低贱。之后,各地开始引进先进的缫丝技术,并对缫车进行改进。1902年合川县举人张森楷发起开办"四川蚕桑公社……仿用日本人缫丝车……今岁（1907年）仿意大利机器练厂车式,造成人力联动缫丝利源新车,日出细丝十二两以上"③,"宣统元年,三台何慎之来顺,提倡制丝缫法,嗣必作扬返丝"④,达县"民国初年,改良制丝,一仿江浙外销把式,……蚕业因之日盛"⑤。缫丝技术的革新,生产工具的改进,提高了四川蚕丝的质量。同时,由于开埠后市场需求的大增,从事缫丝业的人数也倍增。据1910年统计,缫丝户数在500以上者有18个州县,具体情况见表5-3-1。

表5-3-1　缫丝户数在500以上者的州县统计⑥

地区	缫丝户数	产丝量(两)	地区	缫丝户数	产丝量(两)
乐山	1,176	1,146,634	蓬州	825	170,448
夹江	665	167,180	三台	58,932	5,550,000
荣县	561	178,615	射洪	1,510	283,710

---

①姚贤镐:《中国近代对外贸易史资料》,卷三,中华书局,1962年,第1338页。
②钟崇敏:《四川蚕丝产销调查报告》,中国银行经济研究处外印行,1944年,第171—172页。
③《广益丛报》1907年（光绪三十三年）十二月二十日《纪闻》。
④尹良莹:《四川蚕业改进史》,商务印书馆,1947年,第313—314页。
⑤民国《达县志》,卷12,食货:制造。
⑥资料来源:《四川第四次劝业统计表》,1910年,第22表。

续表

地区	缫丝户数	产丝量(两)	地区	缫丝户数	产丝量(两)
丹棱	1,274	66,055	盐亭	3,318	748,050
内江	9,543	196,940	綦江	1,741	173,600
阆中	9,334	519,000	铜梁	816	10,664
苍溪	663	144,000	江北	575	48,180
南部	1,355	320,874	万县	2,268	378,476
西充	37,195	2,044,016	梁山	504	58,100

重庆开埠以后，在近代对外贸易中出现了新的手工行业，最具代表性的就是山货加工业的兴起。近代以前，许多农副产品如桐油、猪鬃、牛羊皮、鸭肠等未被重视。随着近代机器工业的发展，这些农副产品由于其在工业方面的重要性而日益受到关注，于是大量山货加工手工业兴起。随着重庆、万县的开埠，长江上游桐油出口量大增，桐油贸易的发展同时也促进了桐油榨坊业和桐油炼油厂等的兴起和发展。四川榨坊的设置是"遍于产区各县"，万县"约有七百余家，忠县全县约有二百余家"，①"叙永（宜宾）有200余家"②，若以桐农户数计，"平均每百家即有榨房三户至五户"③。1927年以前，万县"旧式油厂"有7家，重庆13家，1927年以后，万县、重庆相继出现了"新式炼油厂"。④重庆开埠后，国外贸易市场刺激了四川猪鬃贸易迅速发展，也刺激了猪鬃加工业的兴起。清末民初，仅重庆的山货洗房就有50家以上，其中专营猪鬃加工的洗房约10余家，全业洗房

---

①（英）阿杜尔克著，李孝同译：《重庆、万县关1922—1931年十年调查报告》，《四川文史资料选辑·第13辑》。
②《四川月报》，第7卷第6期。
③郑励俭：《四川新地志》，正中书局，1946年，第126页。
④张肖梅：《四川经济参考史料》，商务印书馆，1937年，第73—94页。

工共达2000多人。[1] 1916年，南充洗房达13家之多。[2] 以猪鬃为原料的毛刷业开始发展起来。1925年重庆大中华毛刷厂开始营业，到1938年，重庆有毛刷厂11家。[3] 成都毛刷厂到1932年之前有35户，共有工人180人。[4] 此外，加工羊毛、猪毛、鸭毛、牛羊皮等手工业也逐渐兴盛起来。

二、现代机器工业的发展

港口城市工业的繁荣，推动着整个腹地现代工业的发展。近代长江上游地区的现代工业发展缓慢，大都规模有限，主要集中在纺织、建材、机器制造等行业。对于广大内陆腹地地区来说，仍然是星星之火。

在宜昌，李正顺机器翻砂厂、宜昌茂大卷叶烟制造所、宜人纺织机厂等，是宜昌最早开办的一批机器工厂，也属于湖北省内开办较早的民营工厂。[5] 1905年成立的"宜人织布厂"在本地首先使用了日本产的铁质织布机。至后，老河口、郧县、枝江、长阳、施南等地也都兴办了不同规模的机器织布厂；1907年，"李正顺机器翻砂厂"开宜昌机械制造先河，1920年"李正顺"发展到极盛时期，有工人40名，铸、锻、车钳工种齐备，添置两台车床、一台钻床，年生产达2000多台，销往当阳、沙市、荆门、江陵、松滋、公安、石首、潜江、樊城、老河口等地。抗战前，宜昌城内机器翻砂厂达30家之多。[6] 国民政府时期，宜昌、

---

[1]《重庆工商史料》第1辑，重庆出版社，1984年，第23-30页。
[2] 胡邦县：《南充猪毛洗房业研究》，《贸易半月刊》，第1卷第8期。
[3]《四川省——中国经济的宝库》，《西南实业通讯》，第2卷第2期。
[4] 彭泽益：《中国近代手工业史资料》卷二，三联书店，1957年，第512页。
[5] 徐航鹏：《湖北工业史》，湖北人民出版社，2008年，第45页。
[6] 湖北省宜昌市地方志编纂委员会：《宜昌县志》，冶金工业出版社，1991年，第244页。

沙市、老河口地区又新建了一批纺织、机械修理、发电、印刷、饮料工厂，发展了城市公共事业，以宜昌新华印务股份有限公司、养真豆汁公司、生活豆汁公司、沙市纺织股份有限公司、泰记面粉厂、老河口蔚丰协记机器碾磨股份有限公司为代表。[①]

1901—1911年间四川省共设立各类公司70家（不含农业公司）、各类近代企业114家；其中，企业厂家数量按行业分别是：棉织19家、缫丝23家、造纸7家、卷烟3家、制药2家、印刷10家、制革1家、化工7家、玻璃1家、自来水1家、火柴13家、制造9家、电灯1家、瓷器1家、建筑材料1家、其他5家。[②]纺织业是这一时期企业创立最多的行业，棉织和缫丝企业总计42家，占各类企业总数的36.8%。从地理分布上来看，重庆、成都、乐山和泸县成为主要集中区，长江和岷江下游沿岸形成此期新式工业聚集分布带。1910年代以后至抗战前夕，是四川军阀混战、割据时期，尽管政局动荡不断，但在国内外市场需求刺激之下，四川近代工业仍有一定的发展，近代机器生产型工厂、企业数量较之前大有增加，涉及的行业也比以前丰富，地域分布也较广。

考察长江上游地区的工业化进程，我们可以发现长江上游港口腹地工业经济的发展是相当缓慢的。造成这种结果的原因很多，最重要的原因当属20、30年代四川军阀割据造成的纷乱局面，加大了投资风险使商业资本难以加速向产业资本转化，多数企业规模不大，近代机器的使用有限，资本规模的有限使得它们难以迅速成长，对腹地经济带来较大的影响。

---

①徐航鹏：《湖北工业史》，湖北人民出版社，2008年，第137—139页。
②王笛：《跨出封闭的世界——长江上游区域社会研究（1644—1911）》，中华书局，1993年，第342页，表5–15、16。

三、在重庆港口贸易刺激下四川缫丝工业的发展

缫丝工业是一种典型的由于港口出口贸易的需要从而刺激产生的一种工业,由于重庆港的开埠,使得生丝成为极为重要的出口物资,但由于大规模、远距离运输需要对蚕茧进行大规模加工,所以原有的原始缫丝作坊已不能满足要求,能够满足出口需要的大规模缫制生丝的缫丝工厂应运而生。

重庆开埠后,其使用机器生产的第一个行业就是缫丝业。1908年,重庆第一家机器缫丝厂蜀眉厂创办,采用日本进口的蒸汽缫丝机,开四川缫丝业使用蒸汽动力机器之先河。[1] 1891—1901年十年间,重庆港年均出口生丝13826万担,价值1059548海关两,而在缫丝工厂迅速增长的1902—1911年10年间,年均出口数字达到21641担,价值2134703海关两,1912—1921年间更是达到25858担,价值4599397海关两。[2] 这充分说明生丝出口贸易的需要刺激了缫丝工业的发展,同时缫丝工业的发展又促进了生丝这一主要出口物资的出口激增和价值的增长。在此刺激下,一大批近代机器缫丝工厂在港口贸易下得以产生。抗战前,重庆及其腹地城市已有机器缫丝工厂21家,见表5-3-2。

表5-3-2 抗战年前重庆港腹地缫丝工厂表[3]

时间	地点	厂名	工人数	时间	地点	厂名	工人数
1908	重庆	蜀眉丝厂		1924	重庆	丽华丝厂	266

---

[1] 隗瀛涛:《重庆开埠史》,重庆出版社,1983年,第99页。
[2] 周勇:《近代重庆经济与社会发展》,四川大学出版社,1986年,第118页。
[3] 资料来源:尹良莹:《四川蚕业改进史》,商务印书馆,1947年,第346页;《重庆工商史料选辑》,第3辑,第2—3页,《回顾重庆丝业》;钟崇敏:《四川蚕丝产销调查报告》,中国银行经济研究处外印行,1944年,第171—172页;《经济建设季刊》,《四川工厂调查录》,1942年10月,一卷三期。

续表

时间	地点	厂名	工人数	时间	地点	厂名	工人数
1910	重庆	诚成丝厂	40	1925	重庆	大江丝厂	284
1910	重庆	天福丝厂	316	1926	南充	汇通丝厂	120
1911	合川	惠工丝厂		1927	乐山	凤祥丝厂	500
1911	江北	戴川丝厂	470	1930	宜宾	华宾丝厂	130
1914	嘉定	华新丝厂	1000	1931	重庆	大有丝厂	530
1914	万县	日新丝厂		1931	乐山	裕华丝厂	360
1914	重庆	善顺丝厂	324	1931	宜宾	文伦丝厂	104
1914	万县	天碧丝厂	300	1932	宜宾	恒和丝厂	120
1915	重庆	又新丝厂	360	1932	眉山	瑞昌丝厂	107
1917	重庆	谦吉祥丝厂	256	1935	宜宾	茂恒丝厂	78
1917	重庆	同孚丝厂	256	1937	重庆	蜀华丝厂	116
1917	重庆	肇新丝厂	258	1937	重庆	四川丝业公司第一制丝厂	1304
1919	乐山	状勤丝厂	120	1933	重庆	大华生丝厂	600
1920	乐山	济川丝厂	230	1924	合川	怀仁丝厂	600
1922	乐山	裕利丝厂	374	1926	合川	广益丝厂	400
1923	万县	仪象缫丝厂	102	1930	合川	利华丝厂	200

近代的长江上游地区，如果没有开埠以后外来文明的输入和国际市场的开拓，没有像重庆那样的口岸城市作为进出口门户和首先建立起来的大机器工业的引导，腹地城市工业化和农村传统手工业的转型进程将是不可能的。而没有腹地农副产品的市场化和外向化和生产工具机械化的进展，重庆等港口城市进出口贸易的持续繁荣和城市经济实力的提高，也将是困难重重。可惜由于内部条件的不成熟、交通条件的限制，加上政局的动荡，腹地的工业化水平较低、发展过于缓慢。不过在当时的历史条件下，这已经是一种空前的进步了，它们在客观上全面引发了长江地区工业化转型与发展。

结　论

上述各章的论述，实际上已经反映出近代长江上游地区港口贸易与腹地经济关系的一些重要特点：

第一，港口的对外贸易增长趋势和进出口货物结构反映了国内外形势的变化、工农业结构以及贸易体系的变化。①

宜昌、重庆、万县三口岸开埠后，其进出口贸易虽多次经历波动，但仍保持可观的增长速度。其增长态势，都受到了辛亥革命、第一次世界大战和抵制洋货运动的影响而出现波动，宜昌的贸易总额还因受到了鸦片贸易的消长和重庆、万县口岸开放的排挤而下滑，三口岸的进出口贸易虽多次有所波动但大体还是保持迅速增长的态势。进出口商品结构方面，三口岸的出口货物以农产品、农产品加工品和轻工业原料为主，进口则以工业品为主。进口货物中，西方机器纺织的棉纱代替了土制原棉（土纱），机制的工业品取代了土制的手工业品；出口货物中，粮食、食盐的首要地位已让位于生丝、猪鬃、桐油、夏布和药材，输往地点由国内转变为国外，服务对象也由国内消费市场转变为国外的世界性生产市场。进出口货物的变化，反映了长江上游地区工农业结

---

①据本文第一、二、三章第一节的相关论述。

构的调整，也表明长江上游地区的贸易体系已改变了原来自给自足的内向化格局，而被逐渐卷入世界性经济贸易体系之中。

第二，港口的贸易基础和发展潜力、当地进出口货物的需求与产量，很大程度上影响着港口的贸易数量、发展趋势和进出口货物结构。①

由于重庆港处在西南地区锁钥位置且重庆背后腹地的广阔富庶，其贸易基础和发展潜力最为强大，因而对外贸易的数量和发展速度也是也是最有竞争力的；万县为下川东各县贸易之总汇地，贸易基础固然不如重庆，但要大大优于宜昌，因而开埠后其贸易发展也是相当快的；宜昌虽率先开埠，享有先发优势，但由于其自然环境险恶、人口较少、经济实力较差，使得竞争后劲明显不足，贸易总额最低、发展速度最为缓慢。港口及其附近地区对某些货物的需求和产量，对进出口结构也产生了影响。重庆市政建设的需要，使得机电类货物和煤油等油料货物的进口量增多；鸦片贸易畸形发展在清末对宜昌的贸易结构产生极大影响；由于靠近出口土货的来源地，重庆和万县港生丝和桐油的出口量也要高于其他地区。

第三，地理环境对交通线路和交通工具的决定作用。②

长江上游港口与腹地联系的最突出特点就是地理环境对交通路线的决定作用，其次就是内陆腹地的封闭性导致新式交通方式和运输工具在此区域应用的滞后性。在长江上游区域由于自然形成的长江、嘉陵江、岷江、沱江水网的发达通畅决定了宜昌、重庆、万县三港口与这部分腹地的联系以水运为主，类似的在鄂西

---

①据本文第四章第一节相关论述。
②据本文第一、二、三、四章第二节的相关论述。

结　论

南山区、川陕、川甘、川康藏、川滇、川黔交界地区由于水运不发达且地形复杂、高山峻岭密布，决定了这部分区域的交通以陆运为主，陆运路线无不沿着高山峻岭间的峡谷、小路而通行，运输方式以人畜驮运为主。同样是由于长江上游港口与核心腹地内水运交通的便利，阻碍了其陆路交通的发达，公路交通一直未得到大规模发展，铁路更是难以发展，汽车火车等现代交通运输工具未能在长江上游地区得到快速的推广和应用。与此同时，川内运输所依赖的水运也由于川江水运自然条件的制约，只能在长江重庆至宜宾段、嘉陵江重庆至合川段通行中小型轮船，其他水道始终依赖木船运输，现代化的水运工具同样难以在长江上游广大腹地得到推广。

第四，各港口腹地范围大小不一，主要沿水路运输线路延伸。①

宜昌腹地范围东至江汉平原西部及洞庭湖沿岸地区，西至沱江流域的泸县、自贡、内江地区；万县港腹地的空间范围是以长江中游地区的长江三峡地区以及嘉陵江—渠江、乌江、沱江流域为主；重庆港的腹地范围，则几乎覆盖了宜昌和万县腹地范围的全部，范围极其广阔，除包括今天的四川省、重庆市绝大部分的市县范围外，四川盆地以外的川西、川西北地区，贵州北部的赤水河、綦江、乌江地区，云南东北部地区及甘肃南部地区都是重庆港的腹地范围。在腹地的分布方面，宜昌腹地主要是沿长江干流及支流呈东西向分布，万县腹地主要沿长江干流以及嘉陵江干支流及乌江分布，重庆港的核心腹地和过渡腹地的大部分，都分布在长江干流、嘉陵江水系、沱江流域、岷江流域，并沿水路运

---

① 据本文第一、二、三、四章第二节、第三节的相关论述。

· 133 ·

输线路向四周延伸,可见腹地的分布对水运的依赖性之大。

第五,腹地层级不同,表明不同类型的腹地与港口的关系属性是不同的。①

宜昌、重庆、万县三港的核心腹地地区,都是它们所在城市主要粮食供应地、农副产品和原料产地,且与港口的交通最为便利,是三个港口城市经济流通、商品交换的主要对象,当港口发生较大的经济波动,往往会迅速在这些地区产生反应;三港的过渡腹地,地区与港口的关系非常密切,但只存在部分依赖关系,为港口附近地区出产土货的主要销售地;三港的边缘腹地地区与港口距离较远、交通较为不便、区域经济较为落后、与港口的联系比较松散,对港口的依赖性有限。

第六,港口的腹地辐射能力是与港口的经济实力成正比的。②

作为长江上游最大的港口,实力最强大的重庆港其商业腹地的范围囊括了宜昌和万县二港腹地的大部分地区;作为下川东的门户、附近各区县出口土货的汇总之地万县,其腹地范围又包括了宜昌的大部;而实力最差、发展水平最低的宜昌港的腹地范围最小,在很大程度上依赖于其他二港。

第七,主要通过长江上游口岸的进出口贸易,推动腹地的商业、农业、工业朝着外向化、市场化的方向发展。③

长江上游地区在开埠以前,大体处于自给自足的自然经济状态,经济的商品化程度不高,农业以粮食种植业为主,工业主要以传统手工业为主。宜昌、重庆、万县三口岸在开埠以后成为长江上游广大腹地与世界市场两个扇面的连接点,以进出口为主要

---

①据本文第四章第三节的相关论述。
②据本文第四章第四节的相关论述。
③据本文第六章的相关论述。

内容的新型上游成为口岸与腹地商业的主体和主导。腹地商业从商业成员身份、商业结构、经营范围、通达渠道、营销方式等方面都发生了明显的变化，也就是加入了许多外向化的成分和内容。

由于出口贸易的诱导和民族资本、外国资本创办工厂对原料的需求，长江上游港口腹地农村的作物种植结构发生了变化，经济作物的种植面积日趋扩大，出现了经济作物商品化的特征。随着农产品商业化和商业性生产的发展，大量农产品、山货土产、手工业品在农村市场聚集，通过水陆运输网络运往港口城市及国内外各大消费市场，使得农村商品经济勃兴，大量农村集镇兴起。随着市场的打开，代表西方工业文明的使用各种动力的机器和工业制成品开始进入中国，在这些及资本主义生产方式的冲击下，长江上游地区自给自足性的传统手工业趋于衰落，而商品性手工业的相当一部分则在不断地学习、调试中逐渐转型。此外，采用机器生产、按照西方工厂管理方式运行的现代企业，也在通商口岸城市逐渐发展起来，并逐渐向广大腹地扩展。以此为起点，长江上游地区开始走上了先进的工业文明之路。

综上所述，近代长江上游地区经济发展的特点，很大程度上表现为港口与腹地经济关系的特点，在内容上包括贸易情形、交通因素和腹地空间三大方面，每一方面又体现出地理环境、交通运输、经济基础、市场需求以及国内外经济政治形势对长江上游地区经济发展的影响。因此长江上游地区港口与腹地经济关系的研究是一个复杂艰巨而又意义重大的课题，需要广大研究者予以大力关注、深切思考。

参考文献

[1] 中国海关总署办公厅,中国第二历史档案馆编. 中国旧海关史料. 北京:京华出版社,2001.

[2] 实业部国际贸易局. 最近三十四年来中国通商口岸对外贸易统计. 上海:商务印书馆,1945.

[3] 甘祠森编. 最近四十五年四川省进出口贸易统计. 重庆民生实业公司经济研究室,1936.

[4] (清)聂光銮修,王柏心,雷春沼纂. 宜昌府志,1866(清同治五年).

[5] (清)陈惟谟修,谭大勤纂. 长阳县志,1866(清同治五年).

[6] (清)阮恩光修,王柏心纂. 当阳县志,1866(清同治五年).

[7] (清)廖恩树修,肖佩声纂. 巴东县志,1866(清同治五年).

[8] (清)熊启泳纂修. 建史县志,1866(清同治五年).

[9] (清)文康原本,施学煌续修,敖册贤续纂. 荣昌县志,1865(清同治四年).

[10] (清)寇用平修,陈锦堂,卢有徽纂. 璧山县志,1865(清同治四年).

[11] (清)敖立榜修,曾毓佐纂. 高县志,1866(清同治五年).

[12] (清)王玉鲸修,范泰衡纂. 增修万县志,1866(清同治六

年).

[13]（清）福倫修,胡元翔,唐毓彤纂.南溪县志,1874(清同治十三年).

[14]（清）王煌修,袁方城纂.江津县志,1875(清光绪元年).

[15]（清）沈恩培,等修,胡麟,徐鼎元纂.增修崇庆州志,1884(清光绪十年).

[16]（清）黄允钦,等修,罗锦城,张尚湉,等纂.射洪县志,1885(清光绪十一年).

[17]（清）许曾荫,等修,马慎修,等纂.永川县志,1894(清光绪十九年).

[18]（清）王麟祥修,邱晋成,等纂.叙州府志,1895(清光绪二十一年).

[19]（清）朱凤枃纂,袁用宾续纂.南部县志,1896(清光绪二十六年).

[20]江北厅乡土志,1851—1911.

[21]（清）游夔一纂.中江县乡土志,1851—1911.

[22]（清）张治新纂修.新都县乡土志,1851—1911.

[23]（清）朱儒宗纂.绵竹县乡土志,1851—1911.

[24]江津县乡土志,1897—1908.

[25]南川县乡土志,1897—1908.

[26]（清）王道履编.南部县乡土志,1906(清光绪三十二年).

[27]（清）胡用霖,曾昭潜纂.隆昌县乡土志,1906(清光绪三十二年).

[28]王安镇修,夏璜纂.潼南县志,1915.

[29]郑贤书,等修,张森楷纂.新修合川县志,1921.

[30]聂述文等修,刘泽嘉,等纂.江津县志,1924.

[31] 曾庆昌纂修. 内江县志, 1925.

[32] 王玉璋修, 刘天锡, 张开文, 等纂. 合江县志, 1929.

[33] 甘焘, 等修, 王懋昭, 等纂. 遂宁县志, 1929.

[34] 柳琅声, 等修, 韦麟书, 等纂. 重修南川县志, 1931.

[35] 赖佐唐, 等修, 宋曙, 等纂. 叙永县志. 1935.

[36] 李凌霄, 等修, 钟朝煦纂. 南溪县志, 1937.

[37] 戴纶喆纂修. 四川綦江续志, 1938.

[38] 朱之洪, 等修, 向楚, 等纂. 巴县志, 1939.

[39] 张佐周纂. 铜梁县地理志, 1944.

[40] 郭鸿厚修, 陈习删, 等纂. 重修大足县志, 1945.

[41] 曾庆昌著, 易元明修, 朱寿朋、伍应奎纂. 内江县志, 1945.

[42] 李昌言著. 泸县乡土地理, 1949.

二、清代至民国的专著、调查、期刊资料

[1] (日本)东亚同文会. 支那省别全志. 东亚同文书院, 1917—1920年.

[2] 黄序鹓. 海关通志, 1921.

[3] (日本)马场锹太郎. 支那经济地理志. 东亚同文书院, 1923.

[4] 王彦威. 清季外交史料, 1932.

[5] 杨大金. 近代中国实业通志. 南京:南京钟山书局, 1933.

[6] 上海银行调查处. 近三年来我国重要商埠之国内贸易. 银行周报, 1936, (20)9.

[7] 蒋君章. 西南经济地理纲要. 正中书局, 1943.

[8] 郑励俭. 四川新地志. 正中书局, 1946.

[9] 于曙峦. 宜昌(地方调查). 东方杂志, 1926, 23(6).

[10] 希尔门, 刘锡三. 重庆宜昌间扬子江之状况. 扬子江月刊,

1929,2(2).

[11] 由宜昌到重庆. 社会新闻,1933,2(1-3).

[12] 汉行调查. 宜昌调查. 交行通信,1933,3(4).

[13] 周俊元. 宜渝道上. 华中图书公司,1939.

[14] 四川实业之调查. 银行周报,1919,4(9).

[15] 田文炳. 四川蚕业之近况. 学术界,1921,8(6).

[16] 四川羊毛贸易之概况. 钱业月报,1922,2(10).

[17] 高事恒. 四川之蚕丝业. 商业杂志,1930,5(3).

[18] 四川牛皮产销状况. 工商半月刊,1930,2(5).

[19] 四川桐油生产贸易概况. 工商半月刊,1930,2(7-12).

[20] 伍海. 四川之贸易与厘税. 国货研究月刊,1932,1(2).

[21] 四川各县农产概况. 农声,1933(165).

[22] 四川省之山货. 重庆中国银行,1934.

[23] 四川棉业概况. 四川经济月刊,1934,1(5).

[24] 四川各县物产调查. 工商半月刊,1935,7(22,24).

[25] 最近三年四川物品输出统计表. 四川农业,1935,2.

[26] 最近三年四川物品输入统计表. 四川农业,1935,2.

[27] 江昌绪. 四川药材之产销状况. 四川经济月刊,1936,5(1).

[28] 江昌绪. 四川省之主要物产. 民生实业公司经济研究室,1936.

[29] 吕平登. 四川农村经济. 上海:商务印书馆,1936.

[30] 中国工程师学会. 四川考察团报告,1936.

[31] 张肖梅. 四川经济参考资料. 上海:上海工读出版社,1939.

[32] 钟崇敏. 四川蔗糖产销调查,1941.

[33] 钟崇敏,朱寿仁. 四川蚕丝产销调查报告. 中国农民银行经济研究处,1944.

[34]史道源编纂.四川省之猪鬃,1945年.

[35]尹良莹.四川蚕业改进史,上海:商务印书馆,1947.

[36]周询.蜀海丛谈.大公报,1948.

[37]郑励俭.四川新地志.正中书局,1949.

[38]季海.四川万县之桐油业.农事月刊,1925,4(4).

[39]万县桐油出口业调查.中行月刊,1935,10(4).

[40]润生.万县贸易调查.四川经济月刊,19354(5).

[41]平汉铁路管理局经济调查组编.万县经济调查//平汉类刊·第三编·经济类,1937.

[42]万县重要山货贸易概况.贸易半月刊,1940,1(23,24).

[43]平汉铁路管理局经济调查组编.涪陵经济调查//平汉类刊·第三编·经济类,1937.

[44]吴得禄.光绪二十一年重庆关华洋贸易情形论略.万国公报,1896(96).

[45]二十一年度重庆输出货物统计.中行月刊,1933,6(1-2).

[46]重庆卅五种山货药材捐税及外缴表.四川月报,1934,5(1).

[47]二十二年度重庆药材进出口统计.四川月报,1934,5(1).

[48]重庆四月份土产输出数量.四川月报,1935,7(1).

[49]进口业——重庆十月份进口货数量价值表.四川月报,1935,7(5).

[50]出口业——重庆十月份出口货数量价值表.四川月报,1935,7(5).

[51]重庆桐油贸易调查特讯.贸易,1936(86).

[52]重庆羊皮贸易.贸易,1936(89).

[53]平汉铁路管理局经济调查组编.重庆经济调查//平汉类刊·第三编·经济类,1937.

三、1950年代以后的专著、统计资料、论文和文史资料

[1] 严中平,等编. 中国近代经济史统计资料选辑. 北京：科学出版社,1955.

[2] 王铁崖编. 中外旧约章汇编. 北京：三联书店,1957.

[3] 彭泽益编. 中国近代手工业史资料. 北京：三联书店,1957.

[4] 李长治编. 中国近代农业史资料. 北京：三联书店,1957.

[5] 姚贤镐. 中国近代对外贸易史资料. 北京：中华书局,1962.

[6] 聂宝璋编. 中国近代航运史资料. 上海：上海人民出版社,1983.

[7] 许道夫. 中国近代农业生产及贸易统计资料. 上海：上海人民出版社. 1983.

[8] 王彦威辑,王亮编. 清季外交史料//沈云龙主编. 中国近代史料丛刊(第二辑). 台北：文海出版社,1987.

[9] 戴一峰. 近代中国海关与中国财政. 厦门：厦门大学出版社,1993.

[10] 戴鞍钢. 港口·城市·腹地——上海与长江流域经济关系的历史考察(1843—1913),上海：复旦大学出版社,1998.

[11] (日本)滨下武志著,朱荫贵,欧阳菲,译. 近代中国的国际契机:朝贡贸易体系与近代亚洲经济圈. 北京：中国社会科学出版社,1999.

[12] (美国)施坚雅主编,叶光庭,等译. 中华帝国晚期的城市. 北京：中华书局,2000.

[13] 陈思启. 中国近代海关史. 北京：人民出版社,2002.

[14] 杨天宏. 口岸开放与社会变革. 北京：中华书局,2002.

[15] 蓝勇. 长江三峡历史地理. 成都：四川人民出版社,2003.

[16] 连心豪. 中国海关与对外贸易. 长沙：岳麓书社,2004.

[17] 孙玉琴. 中国对外贸易史. 北京:对外经济贸易大学出版社,2004.

[18] (日本)滨下武志著,高淑娟,孙彬译. 中国近代经济史研究——清末海关财政与通商口岸市场圈. 南京:江苏人民出版社,2006.

[19] 吴松弟主编. 中国百年经济拼图——港口城市及其腹地与中国现代化. 济南:山东画报出版社,2006.

[20] 吴松第. 中国近代经济地理·第一卷·绪论和全国概况. 上海:华东师范大学出版社,2015年.

[21] 杨伟兵. 中国近代经济地理·第四卷·西南近代经济地理,上海:华东师范大学出版社,2015.

[22] 蓝勇. 长江三峡历史地图集,北京:星球出版社,2015.

[23] 林满红. 口岸贸易与近代中国——台湾最近有关研究之回顾. //台湾"中央研究院"近代史研究所. 中国区域史研究论文集,1986.

[24] 吴松弟. 港口—腹地与中国现代化的空间进程. 河北学刊,2004(3).

[25] 吴松弟,方书生. 一座尚未充分利用的近代史资料宝库——中国旧海关系列出版物评述. 史学月刊,2005(3).

[26] 吴松弟,方书生. 中国旧海关统计的认知与利用. 史学月刊,2007(7).

[27] 梁庆欢. 中国旧海关史料(1859—1948)文本解读,厦门大学,2007年.

[28] 王哲,吴松弟. 中国近代港口贸易网络的空间结构——基于旧海关对外—埠际贸易数据的分析(1877—1947). 地理学报,2010(10).

[29] 李鹏. 清季民国长江上游航道图志的历史考察. 西南大学, 2015.

[30] 曾兆祥主编. 湖北近代经济贸易史料选辑, 1984.

[31] 李再权主编. 宜昌市贸易史料选辑, 1986.

[32] 宜昌市商业志编纂委员会. 宜昌市商业志, 1986.

[33] 宜昌县志局. 宜昌县志初稿. 宜昌县地方志编纂委员会, 1986.

[34] 宜昌市税务局志办公室, 宜昌海关简志编纂组. 宜昌海关简志(1877—1949), 1988.

[35] 乔铎主编. 宜昌港史. 武汉：武汉出版社, 1990.

[36] 湖北省地方志编纂委员会. 湖北省志. 武汉：湖北人民出版社, 1992.

[37] 江天凤. 长江航运史. 北京：人民交通出版社, 1992.

[38] 宜昌市教学研究室. 宜昌简史. 武汉：华中师范大学出版社, 1994年.

[39] 宜昌地区水运志编纂委员会. 宜昌地区水运志. 北京：人民交通出版社, 1994.

[40] 湖北省宜昌市地方志编纂委员会. 宜昌市志. 合肥：黄山书社, 1999年.

[41] 宜昌地区交通志编纂委员会. 宜昌地区交通志. 北京：中华书局, 2001.

[42] 刘美, 李发刚. 宜昌历史述要. 武汉：湖北人民出版社, 2005.

[43] 湖北省地方志编纂委员会办公室. 湖北通志. 武汉：湖北人民出版社, 2010.

[44] 吴量恺. 清代湖北沿江口岸城市的转运贸易. 华中师范大学

学报(哲社版),1989(1).

[45] 邓德耀,李进都. 宜昌海关史略(1877—1949)//宜昌文史资料(第12辑),1991.

[46] 杨培煌,易史会. 列强在宜昌商埠//宜昌文史资料(第12辑),1991年.

[47] 龚兴华. 宜昌城市近代化之进程——宜昌城市发展的历史考察之一. 湖北三峡学院学报,1997(2).

[48] 贾孔会. 宜昌城市近代化发展之进程——宜昌城市发历史考察之二. 湖北三峡学院学报,1997(4).

[49] 贾孔会. 宜昌开关论略. 三峡文化研究丛刊(第1辑),2001.

[50] 乔凌. 宜昌近代城市发展初探. 三峡大学学报(人文社会科学版),2006,28(7).

[51] 罗萍. 近代宜昌商会的建立及其特点. 湖北社会科学,2009(1).

[52] 刘世扬. 近代宜昌口岸贸易研究(1877—1919). 湖北大学,2012.

[53] 鲁子健著. 清代四川财政史料. 成都:四川社会科学院出版社,1954.

[54] 孙敬之主编. 西南地区经济地理. 北京:科学出版社,1958.

[55] 邓少琴编. 近代川江航运简史. 重庆地方史料组,1982.

[56] 邓少琴,程龙编. 四川内河航运史料汇集(第1辑). 四川省交通厅地方交通史志编纂委员会,1984.

[57] 四川省委员会,文史资料研究委员会编. 四川文史资料选辑. 成都:四川人民出版社,1984.

[58] 隗瀛涛,李有明,李润苍. 四川近代史. 四川省社会科学院出版社,1985.

[59]王绍荃. 四川内河航运史. 成都：四川人民出版社，1989.

[60]游时敏著. 四川近代贸易史料. 成都：四川大学出版社，1990.

[61]隗瀛涛主编. 四川近代史稿. 成都：四川人民出版社，1990.

[62]谢放. 清代四川农村社会经济史. 成都：天地出版社，2001.

[63]王笛. 跨出封闭的世界——长江上游区域社会研究（1644—1911）. 北京：中华书局，2006.

[64]陈裕民主编. 万县桐油贸易史略. 万县：万县市档案馆，1983.

[65]汪鹤年. 万县港史. 武汉出版社，1990年.

[66]吴士国. 万县商业志（1911—1988），万县时报印刷厂，1900.

[67]万县志编纂委员会. 万县志. 成都：四川辞书出版社，1995.

[68]欧阳玉澄. 万县野码头. 重庆：重庆出版社，2010.

[69]刘宗群. 三峡库区城市——万县市的形成、现状和未来. 西南师范大学学报（哲学社会科学版），1994(1).

[70]田永秀. 川东经济中心——万县在近代之崛起. 重庆师范学院学报（哲社版），1998(4).

[71]岳宗英. 试析万县城市的近代化历程. 重庆三峡学院学报，2014(1).

[72]苏健红，李应东. 从开埠到建市——民国时期万县城市发展进程述论. 重庆三峡学院学报，2014(2).

[73]李雯君. 浅析近代万县城市的发展. 三峡文学·三峡论坛，2014(2).

[74]周琳. 重庆开埠前川东地区的市场体系，吉林大学，2005.

[75]中国民主建国会重庆委员会编. 重庆工商史料. 重庆：重庆

出版社,1982.

[76] 隗瀛涛,周勇. 重庆开埠史. 重庆:重庆出版社,1983.

[77] 周勇. 近代重庆经济与社会发展. 成都:四川大学出版社,1987.

[78] 周勇. 重庆·一个内陆城市的崛起. 重庆:重庆出版社,1989.

[79] 龙生主. 重庆港史. 武汉:武汉大学出版社,1990.

[80] 隗瀛涛. 近代重庆城市史. 成都:四川大学出版社,1991.

[81] 重庆市交通局编. 重庆内河航运志. 上海:科学技术文献出版社,1992.

[82] 周勇. 重庆通史. 成都:重庆出版社,2002.

[83] 王垄. 重庆开埠与四川近代对外贸易. 社会科学研究,1983(3).

[84] 隗赢涛. 论重庆开埠与重庆城市近代化. 一个世纪的历程——重庆开埠史100周年. 重庆:重庆出版社,1992.

[85] 田永秀. 近代四川沿江中小城市研究,四川大学,1999.

[86] 陆远权. 重庆开埠与四川社会变迁(1891—1911),华东师范大学,2003.

[87] 刘强. 重庆港口贸易与腹地经济关系研究(1891—1937),复旦大学,2006.

[88] 向春凤. 近代重庆进出口贸易研究(1873—1919)——以〈中国旧海关史料〉为中心. 西南大学,2011.